ALL ABOUT HISTORY

萤火虫 FIREFLY 015

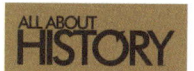

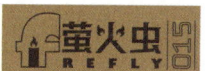

EVENTS THAT CHANGED THE WORLD

改变世界的大事件

中国画报出版社 · 北京

［英］菲莉帕 · 格里夫顿 编著　　王晶 译

图书在版编目（CIP）数据

改变世界的大事件 / (英) 菲莉帕·格里夫顿编著；王晶译. -- 北京：中国画报出版社，2021.4（2024.4重印）

书名原文：All About History: Events That Changed The World

ISBN 978-7-5146-1991-1

Ⅰ. ①改… Ⅱ. ①菲… ②王… Ⅲ. ①世界史 – 历史事件 – 近现代 Ⅳ. ①K14

中国版本图书馆CIP数据核字(2021)第020598号

Articles in this issue are translated or reproduced from All About History: Events That Changed The World Fifth Edition and are the copyright of or licensed to Future Publishing Limited, a Future plc group company, UK 2019. Used under licence. All rights reserved. All About History is the trademark of or licensed to Future Publishing Limited. Used under licence.

北京市版权局著作权合同登记号：图字01-2020-7491

改变世界的大事件

[英]菲莉帕·格里夫顿 编著　王晶 译

出 版 人：于九涛
选题策划：赵清清
责任编辑：廖晓莹
责任印制：焦　洋

出版发行：中国画报出版社
地　　址：中国北京市海淀区车公庄西路33号　邮编：100048
发 行 部：010-88417360　010-68414683（传真）
总编室兼传真：010-88417359　版权部：010-88417359

开　　本：16开（787mm×1092mm）
印　　张：12.75
字　　数：120千字
版　　次：2021年4月第1版　2024年4月第6次印刷
印　　刷：三河市金兆印刷装订有限公司
书　　号：ISBN 978-7-5146-1991-1
定　　价：65.00元

改变世界的大事件

滑铁卢战役、马丁·路德·金的著名演讲、"9·11"恐怖袭击事件……可谓历史转折点。这些里程碑式的事件改变了政治、国家、世界的发展进程。简而言之,是这些事件塑造了我们的世界。从1789年美国第一任总统乔治·华盛顿就职、第一次世界大战、女性争取选举权的斗争、亚伯拉罕·林肯总统执政,到1945年投放广岛的第一颗原子弹,本书将深入探讨这些大事件的细节,以及这些标志性事件带给后人的影响。这些大事件共同谱写着跌宕起伏的历史,令人痛心、发人深省的同时又鼓舞着我们。让我们一起来揭开这些大事件背后的故事吧!

目录

- 6   43个改变世界的大事件
- 24   黑死病
- 34   克里斯托弗·哥伦布
- 47   美国第一任总统华盛顿
- 60   滑铁卢：拿破仑的落幕
- 74   林肯的内战
- 88   第一次世界大战爆发
- 101   十月革命
- 112   女性权利之战
- 126   希特勒VS斯大林：巴巴罗萨行动
- 142   铭记珍珠港
- 159   第一颗原子弹
- 164   离世界末日还有13天
- 178   "我有一个梦想"
- 191   阿波罗11号登月计划
- 197   切尔诺贝利核泄漏事故

197

101

164

191

24

43个
改变世界
的大事件

从古希腊到"9·11"恐怖袭击事件，
一一展现改变世界的那些人与事

1944年6月6日

规模最大的进攻

诺曼底登陆是第二次世界大战结束的第一步

1944年6月6日，盟军在德怀特·艾森豪威尔将军（General Dwight D. Eisenhower）和伯纳德·蒙哥马利（Bernard Montgomery）的指挥下迈出了第一步，打破了希特勒对欧洲的控治，对法国海岸进行了大规模攻击——这是历史上规模最大的两栖攻击。

在接下来的几个月里，盟军设计了一次名为"坚忍行动"的迷惑行动，试图让轴心国部队相信，他们将穿越英国海峡中最窄的加来海峡（Pas de Calais）。与此同时，"霸王行动"自5月1日起已经蓄势待发，但该行动的成功需要有利的天气条件。在多次推迟后，"霸王行动"终于启动，盟军于6点30分踏上诺曼底海滩。

参与两栖攻击的部队包括72215名英国和加拿大士兵，以及57500名美国人。他们分别攻击5个目标：犹他海滩（美国）、奥马哈海滩（美国）、黄金海滩（英国）、朱诺海滩（加拿大）和剑滩（英国），海岸线超过80千米。奥马哈海滩悬崖顶部有燃料库，并没有受到前一次空中轰炸的严重破坏，是防御得最好的地区，而且美军在占领海滩前遭受了重大伤亡。然而，迷惑行动已经奏效了。凌晨4点，德军没有发现进攻，且袭击不只是来自海洋。6月6日午夜后，美国、英国和加拿大的伞兵被送至诺曼底，以便在犹他海滩进行袭击，盟军将进入瑟堡海港。由于天气恶劣，许多伞兵错过了目标，但他们还是占领了飞马桥和圣母教堂镇（Sainte-Mère-Église）等重要地点。

18点，温斯顿·丘吉尔（Winston Churchill）首相宣布进攻下议院。到午夜时分，5个海滩均被占领。将欧洲从纳粹德国手中解放的进程正在顺利进行。

▲ 1944年6月6日，登陆部队的登陆艇朝向诺曼底的一个海滩

起因
- 1939年至1944年的五年冲突
- 德国1941年进攻苏联失败
- 美国于1941年参战

影响
- 欧洲获得和平
- 投放原子弹及日本战败
- 组建联合国

公元前508年

民主的曙光

古希腊第一个民主的、由人民领导的政府

雅典人无法想象不民主的生活。雅典是公元前6世纪大约1500个城邦中最繁荣的城市之一,最初由一个精英少数民族统治。然而,内部纷争及与邻邦的代价高昂的冲突逐渐使这座城市陷入瘫痪。雅典从竞争对手斯巴达那不同寻常的平等主义精神中获得灵感,将民主视为可以统一社会的一场实验。

雅典民主制由梭伦(Solon)、克里斯提尼(Cleisthenes)和伯里克利(Pericles)等人拟定成形,并经历两个世纪演变。人们希望雅典的每一个公民都能参与到由一个随机抽取的轮流委员会负责的政府日常事务中。尽管这种思想很超前,但当时的民主并不涉及妇女、外国人和许多其他人。然而,它为如今的现代世界奠定了基础。

起因
- 梭伦的改革意味着所有雅典公民都必须参加公元前594年的教会(大会)
- 克里斯提尼在公元前508年引入了平等权利政策

影响
- 法国大革命见证了执政的君主制(1787—1799)被推翻
- 林肯于1863年发表了"民有、民治、民享之政府"的演讲

◀ 公元前447年由伯里克利发起的帕台农神庙项目经常被视为雅典民主的不朽象征

2001年9月11日
美国遭到恐怖袭击的一天

"9·11"恐怖袭击事件

"这些景象令人难以置信。我还以为是在拍电影。"

世贸中心北塔倒塌时,消防队员米基·克劳斯正在里面。然而,即使对于那些在世界另一端目睹新闻中这不可磨灭的景象的人来说,他的话也能引起共鸣。

就在美国航空公司11号航班在波士顿起飞46分钟后,5名恐怖分子控制了飞机,并将其撞向标志性建筑——世界贸易中心。这是那天发生的4起劫机案之一。所有劫机案都击中了他们的目标,只有一起例外:联合航空93号航班上的乘客夺回了飞机的控制权,但其还是坠落于无害的区域——飞机最终坠毁于宾夕法尼亚州的一片空地上。

每个人对"9·11"恐怖袭击事件的起因都有自己的看法,但更明确的是其影响。从直接意义上说,它导致2996人死亡,是有史以来外国对美国发动的单一袭击中死亡人数最多的一次。从长远影响来看,它迫使美国改变了外交政策,使美国打响了反恐之战。

起因
- 苏联于1979年12月入侵阿富汗
- 基地组织建立,并呼吁穆斯林参加1988年的"圣战"
- 1993年2月26日,世界贸易中心一号楼爆炸事件中6人被炸死

影响
- 发动反恐战争
- 伊拉克战争和阿富汗战争
- 奥萨马·本·拉登于2011年5月2日被美国海军海豹突击队击毙

1989年

发明万维网

今天我们很难想象没有互联网的生活,但如果当时不是因为一个人的远见卓识,这一切可能都不会存在。

1989年,结合超文本和互联网用于全球共享信息的技术并非没有,但是英国物理学家蒂姆·伯纳斯-李(Tim Berners-Lee)希望把它上升一个层面。当伯纳斯-李首次为欧洲核子研究中心的工作人员提出用万维网配合他们的研究时,他的主管麦克·森德尔(Mike Sendall)写道:"虽然笼统,但令人兴奋。"

与计算机科学家罗伯特·卡里奥(Robert Cailliau)合作后,基础网络系统的原型软件于1990年在NeXT计算机上展示,并迅速应用于全球其他研究实验室和大学。随着无处不在的苹果电脑和PC电脑一代代版本的更新,万维网渐渐从学术界走向主流市场。1993年4月30日,欧洲核子研究中心公布了任何人都可以免费使用的源代码。仅仅过去20年,就出现了大约6.3亿个网站。

▲ 万维网,笼统但令人兴奋

起因
- 1960年,泰德·尼尔逊(Ted Nelson)发明了超文本
- 阿帕网络于1969年10月29日上线
- 雷·汤姆林森(Ray Tomlinson)在1971年10月9日发送了第一封电子邮件

影响
- 社交网络的曙光
- 公民新闻时代
- 《江南Style》是第一个在视频网站油管上获得10亿观看次数的节目

第一批铸造的金币
公元前546年

公元前7世纪第一枚金（金银合金）硬币已被制成，黄金在几个世纪以前就已被用作货币，但第一批金币是由吕底亚的克罗伊斯国王铸造的。这个富裕的国家用纯黄金货币作为财富和权力的象征。

肯尼迪总统被暗杀
1963年11月22日

约翰·F. 肯尼迪在与妻子杰奎琳一起驾车穿过达拉斯的迪利广场时被枪杀。他的去世给美国人民带来了冲击，也导致人们对政府的不信任日益加剧。至今，仍有些人声称扣动扳机的不是李·哈维·奥斯瓦德（Lee Harvey Oswald）。

第一条生产线
1908年

装配线可能是亨利·福特（Henry Ford）带给制造业的最大的礼物。这种生产过程是将汽车移向工程师，而不是让工程师走向每辆汽车。它使福特T型车的制造时间减半，并大幅削减了成本。

瓦特改良蒸汽机
1796年

由詹姆斯·瓦特（James Watt）改良的蒸汽机不仅使英国推行了蒸汽火车，而且开启了工业革命，使得工厂可以建在任何地方。由蒸汽驱动的机器可以在很短的时间内完成几十个工人的工作量。

网球场宣言
1789年6月20日

6月20日，当贵族、神职人员和普通民众在巴黎凡尔赛宫举行集会时，局势十分紧张。他们发现国王路易十六把他们排除在外，便于网球场召开会议。在那里他们发誓制定一部新的宪法，这次会议播下了法国革命的种子。

工作日为5天的工作周

1926年

1926年5月，亨利·福特将福特汽车公司工人的工作日从每周6天减少到5天，将工作时间从每天9小时缩短到8小时。得益于为期两天的新周末，福特的生产力飙升。这种做法太过成功，全球各地的公司纷纷效仿，并演变成当今的标准。

最后一位罗马皇帝

476年

到5世纪后期，罗马帝国正迅速失去对欧洲和西方世界长达数千年的控制。汪达尔人已经抢劫并掠夺了一次罗马。其他人看到罗马的弱点，也开始反对他们的统治者。日耳曼将军奥多塞尔进入罗马首都，迫使最后一位罗马皇帝罗慕路斯·奥古斯都流亡。

民主的第一道防线

公元前490年9月

波斯帝国想吞并希腊。当人数处于劣势的雅典军在马拉松平原率先发起进攻时，波斯军向雅典军中薄弱的中路发起了进攻。雅典军凭借实力强大的侧翼，消灭了大批波斯军。民主希腊的力量抵抗住了波斯的进攻势头。

奴隶制被废除

1865年1月31日

在《解放奴隶宣言》公布3年后，美国内战仍然在激烈进行。亚伯拉罕·林肯采取了大胆的举措，并推动宪法第13修正案获得国会批准。即使没有南方代表，投票也勉强通过了。它的通过标志着长期争取平等人权的开始。

罗马采用基督教

312年10月28日

古罗马对基督徒来说是一个危险的时代。这种情况一直持续到君士坦丁大帝在米尔维安大桥战役前抬头看到一个燃烧的十字架，十字架上写着"凭此标记，汝当获胜"。在君士坦丁大帝的远见和胜利的感召下，罗马帝国逐渐基督教化。

拿破仑退位

1815年

拿破仑·波拿巴（Napoleon Bonaparte）在被法国议会强迫退位后，向英国寻求保护。英国允许他登上由船长托马斯·比阿姆·马丁（Thomas Byam Martin）指挥的英国船只"贝勒罗丰号"（Bellerophon）。在被扣押了大约3周后，他被流放到南大西洋的圣赫勒拿岛（St Helena）。

波士顿倾茶事件
1773年12月16日

美国人民对英国议会已无耐心。既然他们没有选举权,为什么还要服从呢?当波士顿的"自由之子号"把三船茶叶扔进大海时,被震惊的英国人踏上了战争的道路。

萨拉热窝事件
1914年6月28日

弗朗茨·费迪南大公(Franz Ferdinand)和他的妻子在开车穿过城市时,被19岁的塞尔维亚民族主义者加夫里洛·普林西普(Gavrilo Princip)枪杀。普林西普是6名波斯尼亚塞族暗杀者之一。奥地利的报复行动得到了德国的支持,欧洲陷入冲突之中。

▶ 加夫里洛·普林西普在枪杀弗朗茨·费迪南后被捕,刺杀事件导致冲突开始

公元前9000年

农业出现 人类开始脱离狩猎采集文化，安定下来

最早出现农业的确切地点、确切原因和确切日期尚未确定。关于人们为什么、什么时候及如何开始种植作物和饲养牲畜，人们提出了各种各样的理论。然而，人们普遍认为，农业出现在公元前9000年之后不久，地点为现在被称为"肥沃月湾"的中东地区。

气候变化使黎凡特地区（东地中海）成为定居者的理想地点。随着该地区变得温和，一年生（而不是多年生）的野生小麦和大麦等植物开始生长。它们长出的是大种子，而不是厚厚的木质茎或外壳，以此保护自己免受自然因素的侵害。该地区的纳图夫部落在传统上是狩猎采集者，但这种植被的不断增加使定居成为一个很有吸引力的提议。但是，必须采取措施确保它们不会耗尽资源。

尝试种植作物是否是事先计划好的，这一点还没有定论。许多人认为，这是一次性的，而不是为了提供常规食物。然而，气候变化和越来越多的定居人口意味着种植作物是必经之路。技术改进，这些部落开始饲养牲畜。这些牲畜在黎凡特地区繁衍生息。人们赖以生存的游牧文化被永远改变。正如我们今天所知道的，人类社会发展的第一步，包括数目庞大的城镇，都是从农业开始的。

起因
- 大约公元前9600年，气候变化，出现可食用的植物
- 大约公元前9000年，部落转向定居生活
- 大约公元前9000年，驯养动物增加

影响
- 出现灌溉和不断发展的农业技术
- 出现不断发展的社区
- 集约化农业导致气候变化

1776年7月4日

超级大国诞生

《独立宣言》始于一份文件

2011年的一项调查显示，61%的美国人爱戴英国女王伊丽莎白二世。但如果民意调查是在237年前进行的，结果就会有所不同。

1776年年初，一本名为《常识》的政治小册子在美国各地广为流传。该书作者托马斯·潘恩（Thomas Paine）在谈到他对乔治三世（King George III）的看法时，毫不留情地说："把神圣威严的头衔加在一条虫子身上是多么不虔诚啊，它在自己辉煌的光环下正逐渐化为尘土。"

几个月后，托马斯·杰斐逊（Thomas Jefferson）撰写了一份更正式的声明，呼吁美国独立。该声明于7月4日在国会获得通过，并得到所有13个殖民地的同意，这在纽约引发了一场骚乱，在此期间乔治三世的雕像被推倒。最后一份引人注目的宣言直到8月2日才签署，但美国仍在庆祝第二届大陆会议上首次投票支持"生命、自由和追求幸福"的日子。

据信，现存的《独立宣言》原件有26份，其中21份为美国各机构所有。其中一份在2009年被发现并存于英国国家档案馆。

> **起因**
> · 1765年3月22日，英国通过了《印花税法》，开始对殖民地征税
> · 1773年12月16日，抗议《茶税法》的波士顿倾茶事件发生
>
> **影响**
> · 1789年，法国通过纲领性文件——《人权宣言》
> · 奴隶制导致美国内战

▲ 第二届大陆会议的主题是"生命、自由和追求幸福"

"世界工人团结起来！"
1848年

卡尔·马克思和弗里德里希·恩格斯的《共产党宣言》是最有影响力的（也是被引用最多的）政治手稿之一。自德国政治难民在伦敦首次发表宣言以来，它对工人阶级造成的精神影响使许多政治团体都将其作为纲领。

十字军开始东征
1096年

由天主教教皇乌尔班二世（Pope Urban II）于1095年发起，第一次重新占领以色列圣地的运动最初是为了帮助拜占庭人击退土耳其人，但很快演变为一场收回耶路撒冷的圣战。这次成功的行动是多次改变中东的"神圣"十字军东征中的第一次。

第一支疫苗

1796年5月14日

　　天花的第一支疫苗是由英国医生爱德华·詹纳（Edward Jenner）发明的。有传言说，挤奶女工萨拉·内姆斯（Sarah Nelmes）因为已经感染了类似的牛痘而对天花免疫。为了证实这一点，爱德华从萨拉的牛痘水疱中取出脓液，成功地为一名8岁男孩接种了牛痘疫苗。

指南针

1117年

　　磁罗盘被认为最早出现在中国秦朝，但那时并不是用于探险，而是用于占卜。磁罗盘直到1117年第一次被记录用于航海，不久之后被欧洲水手使用，从此彻底改变了航海技术，打开了探索海洋的大门。

波斯帝国灭亡

公元前334—公元前330

　　在约3年的时间里，亚历山大大帝导致了拥有200年历史的波斯帝国灭亡。公元前334年，亚历山大向大流士三世的优势兵力发起挑战，取得了连续胜利。直到公元前331年，他的对手从高加米拉战场上逃跑，波斯阿契美尼德王朝灭亡。

阿兹特克人的终结

1521年

　　1519年，西班牙人在墨西哥尤卡坦半岛登陆后，发现了一个富有的土著民族——阿兹特克人，他们的势力扩展到墨西哥以外。在赫尔南多·科尔特斯（Hernando Cortes）领导的入侵下，这一地区逐渐沦陷。此时，阿兹特克人感染上天花等疾病，因此被强劲的武装侵略者征服。

沙特阿拉伯的石油

1938年

　　沙特阿拉伯的石油开采始于1922年，但直到1938年，热切的美国人马克斯·斯泰内克（Max Steineke）才发现储量丰富的"黑金"，而就在不久前，他还向雇主请求更多的时间进行勘探。这一发现改变了世界的能源实践及与阿拉伯世界的关系。

种族隔离制度在南非被废除
1994年

种族隔离制度于1948年在南非立法,4个种族群体被分类,并被迫实行种族隔离。在20世纪80年代的贸易禁运和日益加剧的国内动荡之后,南非的经济逐渐崩溃,这导致纳尔逊·曼德拉(Nelson Mandela)成功废除了这个被国际社会痛恨的制度。

发明写作
公元前3200年

当人们认为法庭上的记录不能光靠记忆时,写作应运而生。写作发明于公元前7世纪的中美洲和南美洲,以及公元前3200年的美索不达米亚(今伊拉克)。这些真正的文字不同于青铜时代早期的符号和数字。

达尔文乘船远航
1831—1836年

查尔斯·达尔文乘坐"贝格尔号"巡洋舰前往南美时的发现,永远改变了人们对世界的认识。1859年11月24日,他开始研究进化论,并出版了《物种起源》一书。

罗莎·帕克斯拒绝让座
1955年

在亚拉巴马州蒙哥马利市,罗莎·帕克斯因拒绝为一名白人乘客让座而被捕。她成为了这个不再接受不公平的种族隔离制度的国家的焦点。她说:"我唯一感到厌倦的,就是不停地屈服。"

发明图灵机器
1936年

人们一定会对这种现象感到很奇怪——在人们能够想象出某种东西的用途之前,就发明出了这种东西。艾伦·图灵(Alan Turing)发明计算机时就是这样。但他发明的是计算机的无形数学理论,而不是工作用机器。图灵直到在布莱切利公园任职时才使用他发明的计算机。

电视节目
1924年

尽管这台电视机不是由一位发明家独立发明的,但约翰·洛吉·贝尔德(John Logie Baird)对它的显示屏做出了两项重大改进,并且,他是第一个传送图像的人——一张在离光源几英尺[①]远的地方复制出来的闪烁的灰度照片。1926年,他又一次展示了现场活动的图像。电视节目从此出现。

① 1英尺约为0.305米。

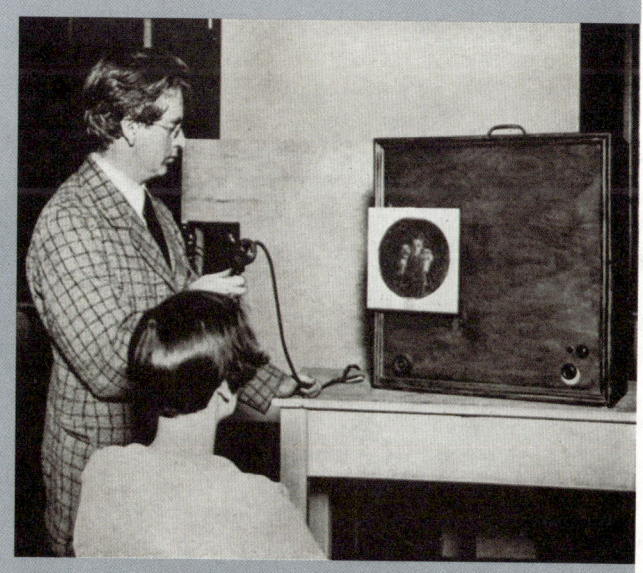

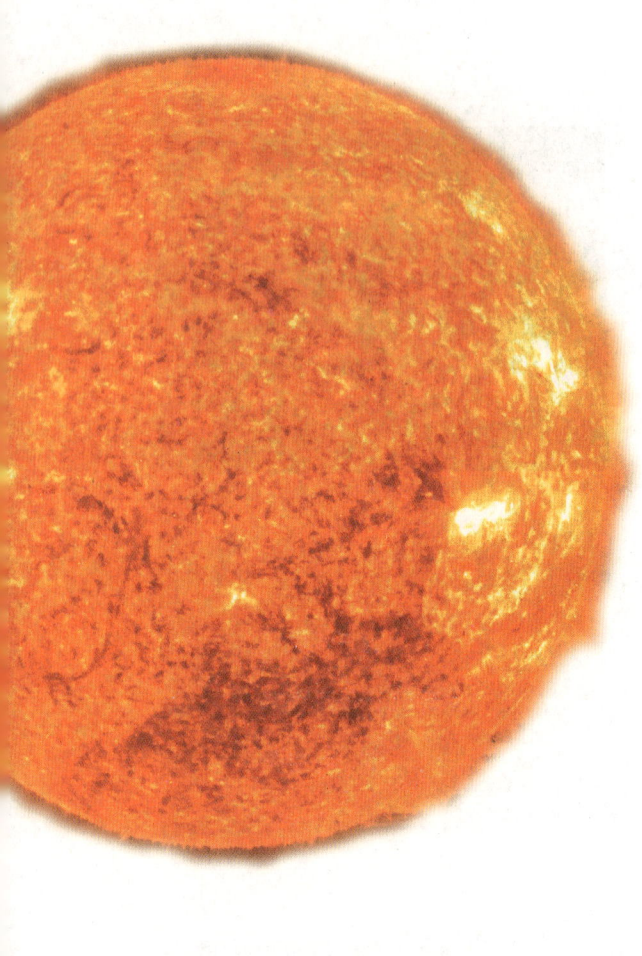

太阳成为太阳系的中心

1543年

经过多年的斗争,哥白尼最终决定出版他的日心说,当时已是他生命中的最后一年。他提出的"地球绕太阳公转"的理论,在一个多世纪后才被人们接受。1633年,伽利略因赞成"异端邪说"而被宗教法庭审判。

发明电话

1876年

电话是现代最重要的发明之一,但这项发明背后的故事更具争议。人们认定亚历山大·格雷厄姆·贝尔(Alexander Graham Bell)是发明者,因他比伊莱莎·格雷(Elisha Gray)早几个小时申请这项专利。而格雷提交的申请与贝尔的惊人地相似。但一些人认为,贝尔是从格雷的专利中窃取了关键的内容,以便首先获得批准。无论如何,人们普遍认为贝尔是电话的发明者。

牛顿发现万有引力

1687年

关于牛顿的故事一般讲的都是他是如何通过观察在花园漫步期间从树上掉下来的苹果,从而产生对引力力学的兴趣的,但这个故事可能被夸大了。然而,正是这个兴趣使他在1687年出版的著作《自然哲学的数学原理》中定义了"万有引力"一词。

朝圣者的祖先定居
1620年11月

清教徒的祖先们相信撒旦对英格兰的控制正在加强，因此，他们乘坐"五月花号"启航前往弗吉尼亚州建立一个新的社区。他们在海上航行了65天后，因大风而偏离航线，在科德角附近登陆，并在一个废弃的印第安人定居点上建立了具有历史意义的普利茅斯殖民地。

中华人民共和国成立
1949年10月1日

中国结束了长达20年的国共内战，成为了一个社会主义国家。美国试图干预却失败。中美外交关系直到1972年理查德·尼克松（Richard Nixon）访华时才得以恢复。

第一届奥运会
公元前776年

为了纪念众神和人类之父宙斯，古希腊人在奥林匹亚宙斯的圣地举行了第一届奥运会。只有希腊男人才能参加，当时的赛事项目比现在少得多，而且很多人是裸体参加的。比赛每四年举行一次，直到公元394年，罗马人在他们的基督教运动中将比赛禁止多年。

发动"新春攻势"战役
1968年1月30日

越南战争的形势发生了不可逆转的转变。北越军队发起了多管齐下、精心策划的"新春攻势"，先后发动了5次单独攻击。尽管越南在第一阶段被击退，但这对已对获胜越来越没信心的美国来说是个致命打击。

1905年
重写物理定律

"政治是为了现在,但等式是永恒的。"

爱因斯坦于1905年发表了狭义相对论的部分内容,$E=mc^2$是他迄今为止最著名的遗产。尽管这个等式看着很简单,但它处理的是质量和能量之间复杂且可互换的关系。该等式源于早期物理学家如艾萨克·牛顿、伽利略和詹姆斯·克拉克·麦克斯韦的研究成果之间的差异,揭示了为什么光速是恒定的,以及时空的概念。爱因斯坦彻底推翻了曾经被广泛接受的"发条宇宙"概念。在提出$E=mc^2$之前,他还发表了几篇具有开创性意义的论文,这位由职员转型成为科学巨星的科学家随后揭开了许多其他物理学难题的神秘面纱,包括1916年的广义相对论。尽管他被普遍誉为现代史上最伟大的思想家之一,但他仍然谦虚地说:"我没有什么特殊的才能。我只是非常好奇。"

起因
- 1676年,奥勒·罗默(Ole Roemer)测量光速
- 艾米丽·杜·沙特莱(Émilie du Châtelet)认为,能量与mv^2成比例,而不是像1740年艾萨克·牛顿提出的与mv成比例

影响
- 更好地理解大爆炸
- 3D医疗中的PET扫描
- 核电兴起

奔驰发明汽车
1885年

德国工程师卡尔·奔驰（Karl Benz）被誉为第一辆汽油汽车的发明者。然而，奔驰专利汽车更像是一辆三轮车，而他的发明的关键部分——专利二冲程汽油发动机——就连在三轮车上。

中国的最后一位皇帝退位
1912年

1908年，两岁的溥仪继位。5岁时，辛亥革命迫使他退位，但他仍保留了头衔和许多特权。第二次世界大战后，他逃离了中国，后被遣返，成为了一位园丁。

曼德拉获释
1990年

1964年，纳尔逊·曼德拉因蓄意破坏、叛国和暴力阴谋罪被南非政府审判，并被判终身监禁，但免于死刑。他在服刑27年后被释放，后来成为南非非洲人国民大会的领袖，并于1994年废除了种族隔离制度。

黑死病

震惊世界的一段真实历史。它让世界陷入瘫痪。

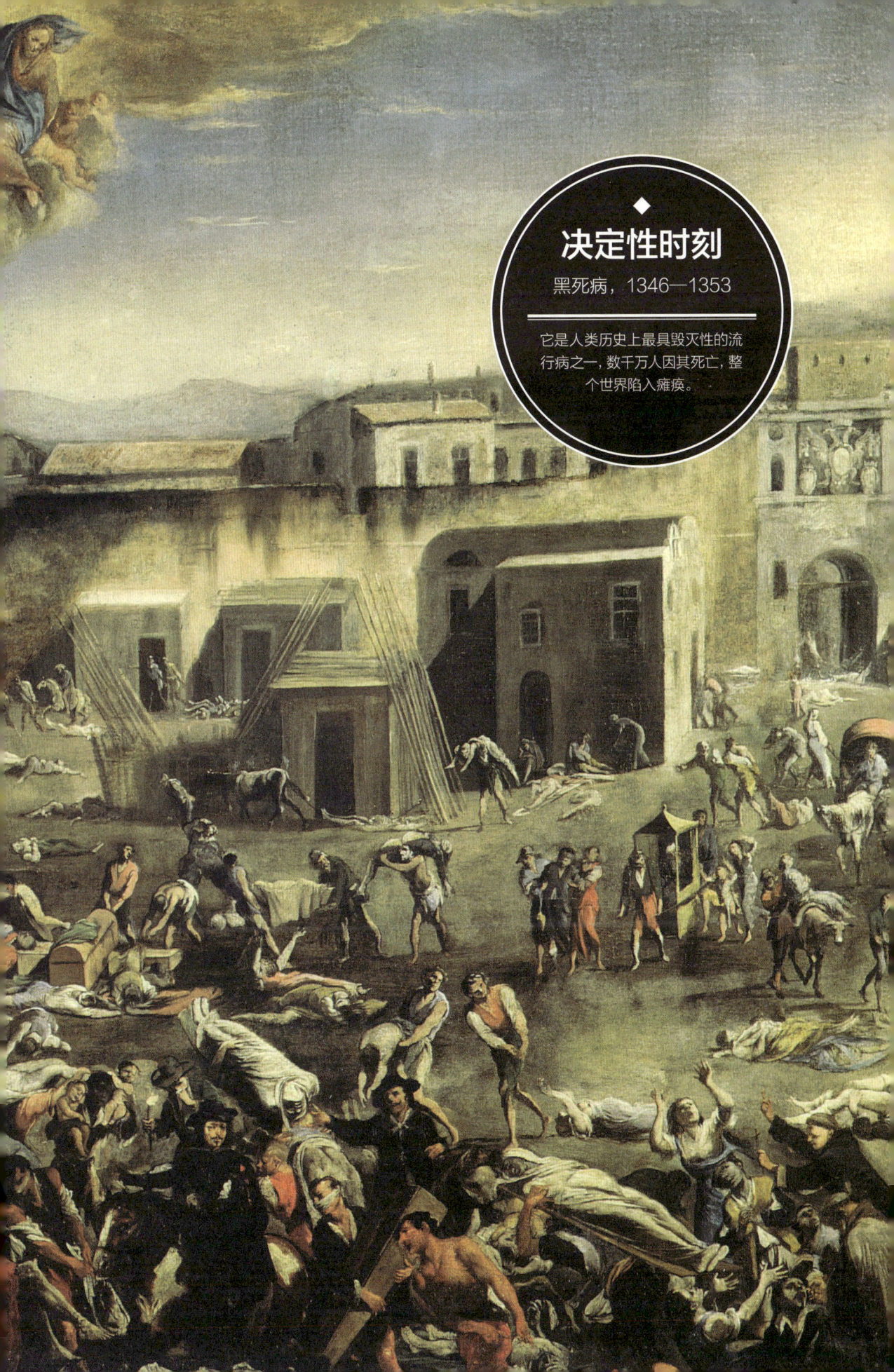

决定性时刻

黑死病，1346—1353

它是人类历史上最具毁灭性的流行病之一，数千万人因其死亡，整个世界陷入瘫痪。

这在农耕时代堪称巨大的损失，因为当时国家大部分的财富都来自土地。

在阳光和温暖的气候的滋养下，欧洲的人口数量前所未有地激增，生活在欧洲大陆上的人比以往任何时候都多。在第一个千年之交，欧洲有2400万人；而到1340年，这个数字达到了5400万。

整个大陆都在竭尽全力地开垦农田，蚕食森林，粮食供应已开始达到支持人口的极限。然而，就在小冰河期开始的时候，一场可怕的灾难降临了。一个世纪后，欧洲人口数量骤降至3700万。

这种致命疾病的起源尚不清楚。许多人认为它起源于非洲东南部，沿着尼罗河（Nile）蔓延到欧亚大陆。这种疾病如怪物一般疾驰穿过潮湿的船舱、堆满谷物的筒仓和磨坊、肮脏的街道和满是污垢的码头。在之后的岁月里，情况更糟。

它形成于大黑鼠的背上，在感染瘟疫耶尔森氏菌（Yersinia pestis）的跳蚤的血液中产生，在患者剧烈咳嗽时带血的痰中大量繁殖，从人们的腹股沟和腋窝暴发出的球根状的、臭气熏天的疮里渗出。它对人类的袭击猛烈而无情，在短短几天内便击垮了城镇，在短短几小时内便摧毁了无数家庭。

虽然我们现在称这场在14世纪中叶使欧洲陷入瘫痪的大流行病为黑死病，但当时人们对它的称呼有所不同，是世界末日的代名词——"瘟疫"。百年战争席卷西欧，与东部势不可挡的蒙古部落发生冲突，本来粮食已仅是勉强供应，暴发的饥荒更是令各个国家陷入瘫痪，疾病接踵而至，死神悄然降临——世界人民知道瘟疫来临，很多人担心世界末日的到来已经不远……

瘟疫笼罩在神秘之中，即使是现在，研究人员仍然在争论这种疾病的确切成分及它穿越大陆的路径。可以肯定的是，它起源于欧洲大陆的东端，穿越了卡法（Caffa，今乌克兰费奥多西亚）、西西里岛（Sicily）和南欧，在猛烈袭击法国和英国时达到了顶峰。

科学家们一致认为它是黑死病，这是一种由以啮齿动物为食的受感染跳蚤携带的细菌性疾病。以前人们认为黑鼠是罪魁祸首，而且至今很多人仍然这么认为，但最近的研究表明，这种疾病更有可能是由亚洲沙鼠携带的。

这种名为瘟疫耶尔森氏菌的细菌相当令人讨厌，它会感染跳蚤的血液，然后导致旧血液和细胞在前胃（跳蚤胃前的瓣膜）内积聚。这种堵塞意味着，如果一只饥饿的跳蚤试图咬下一个猎物的话，它胃里的高压会迫使一些被摄入的血液流到猎物的伤口处，同时也会迫使聚集在前胃的成千上万的细菌进入伤口。

然后，这群瘟疫耶尔森氏菌会沿着受害者的淋巴从咬伤的源头排到最近的淋巴结。一旦到了那里，细菌就会在淋巴结上定植，淋巴结因而膨胀、变硬并渗出腐臭的脓汁。

由于大多数人都是腿被咬伤，通常导致腹股沟的淋巴结变大。这些淋巴结变大的现象被称为淋巴结肿大，是瘟疫的主要症状。这些淋巴结不仅难看，还很疼痛，从葡萄大小到橙子大小不等，任何活动都让人痛苦万分。

然而，在淋巴结肿大之前，受害者会有轻微

的症状。他们会先有类似流感的症状,紧接着会发高烧。一两天内,"上帝的标记",一种小的圆形皮疹,也被称为"玫瑰",会蔓延到身体各处,尤其是在受感染的淋巴结周围出现。这种现象由脆弱的血管壁和内部出血引起,明确告诉患者不只是严重的感冒。正如莎士比亚所言:"带着标记的瘟疫是死亡的前奏。"一旦淋巴结炎反映到了皮肤上,病情就会迅速发展。随之而来的是腹泻和呕吐,就像肿大的淋巴结破裂导致的感染性休克一样,呼吸衰竭和肺炎会抹去生命中最后的一丝希望。两周内,五分之四感染瘟疫的人会死亡。

阿格诺洛·迪·图拉·德尔·格拉索(Agnolo di Tura del Grasso)是一位来自意大利锡耶纳的编年史家。在他的作品中,他很好地捕捉到当时的恐怖情景:"这种疾病残酷无情,我不知道从哪里开始描述。几乎所有目睹这一切的人都又悲伤又震惊。它已经可怕到无法用语言来描述,而那些没有目睹的人完全可以被称为有福之人。得病的人几乎立刻就死了。他们的

▲ 17世纪早期的瘟疫医生

死亡还是治愈

人们认为一些草药疗法对黑死病是有效的。根据患者的经济状况,医生会定期给他们开处方,用祖母绿磨碎的溶液,或者用新产下的鸡蛋的碎壳与切碎的金盏花、麦芽酒和糖浆混合制成药剂。事实上,蜜糖是一种主要的治疗方法,尽管只有10年以上的蜜糖才有效力。另一种虽然不那么吸引人,但却很有效的治疗方法是排尿——人们普遍认为,每天两杯水可以增强体质,抵御疾病。

淋巴结的治疗则更为棘手。人们在恐惧中认为,可以用面包抵着肿胀处将它埋葬。更令人难以置信的是,把一只活母鸡绑在肿胀的地方,然后反复冲洗来引出瘟疫。医生们后来发现,在这种疾病的早期阶段,切开淋巴结、挤出脓液并涂抹膏药相对有效。这类膏药通常由树脂、白百合根和干的人类粪便、砷或干蟾蜍组成,视是否可用而定。还有一种药膏也不算太离谱——由煮熟的洋葱、黄油和大蒜混合制成,同时用水蛭或切口放血,还有人使用黏土和紫罗兰来治疗。

大多数情况下,由于黑死病被认为是瘴气,人们认为最好的预防措施是携带袋装的香草和香料(或由香料球做成的香盒),并在家中焚烧。大多数人认为他们唯一的选择是禁食、祈祷,加入鞭笞者的行列,为他们的罪行赎罪,杀死可疑的女巫或水井投毒者,同时等待土星离开木星宫。

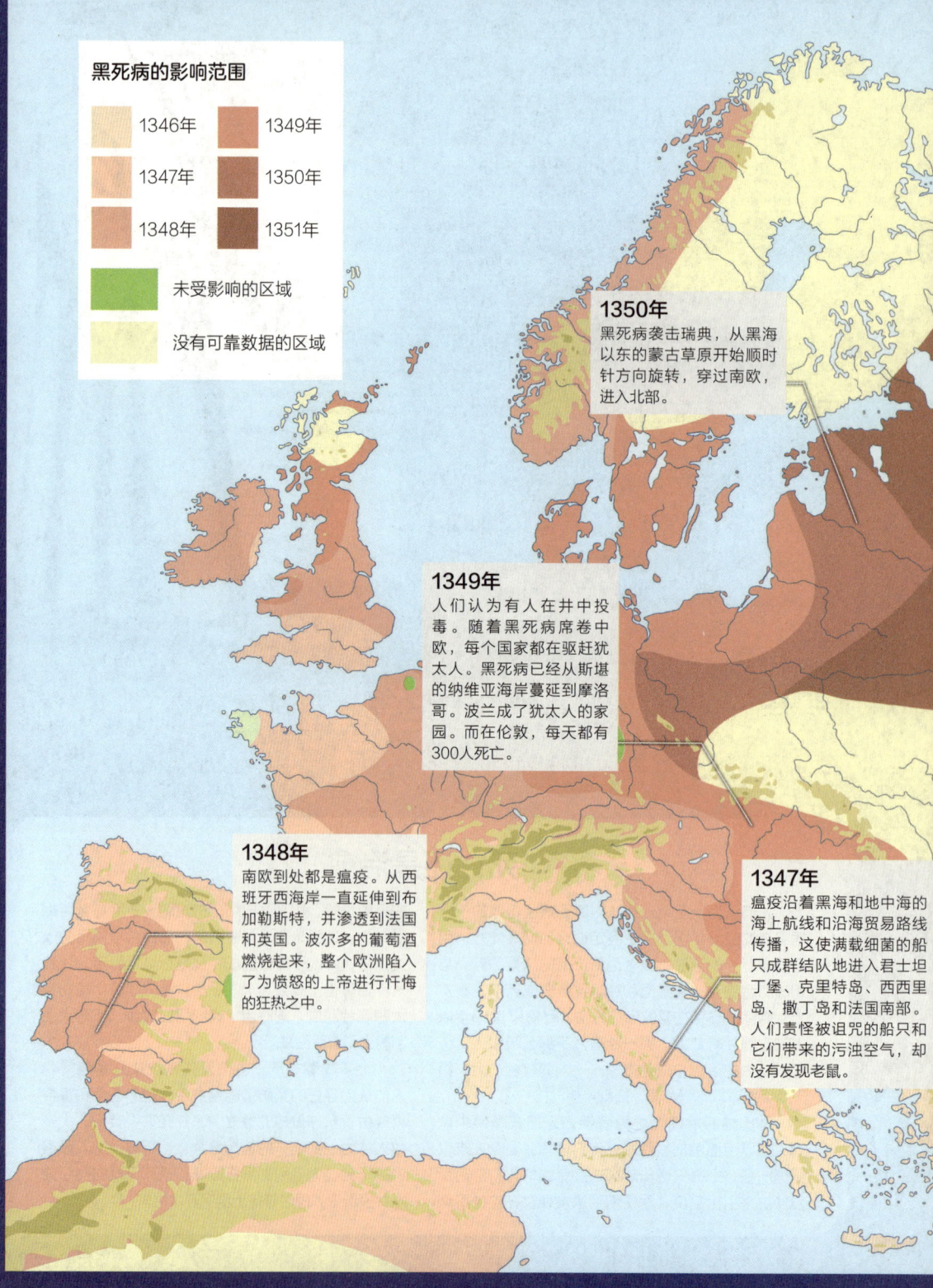

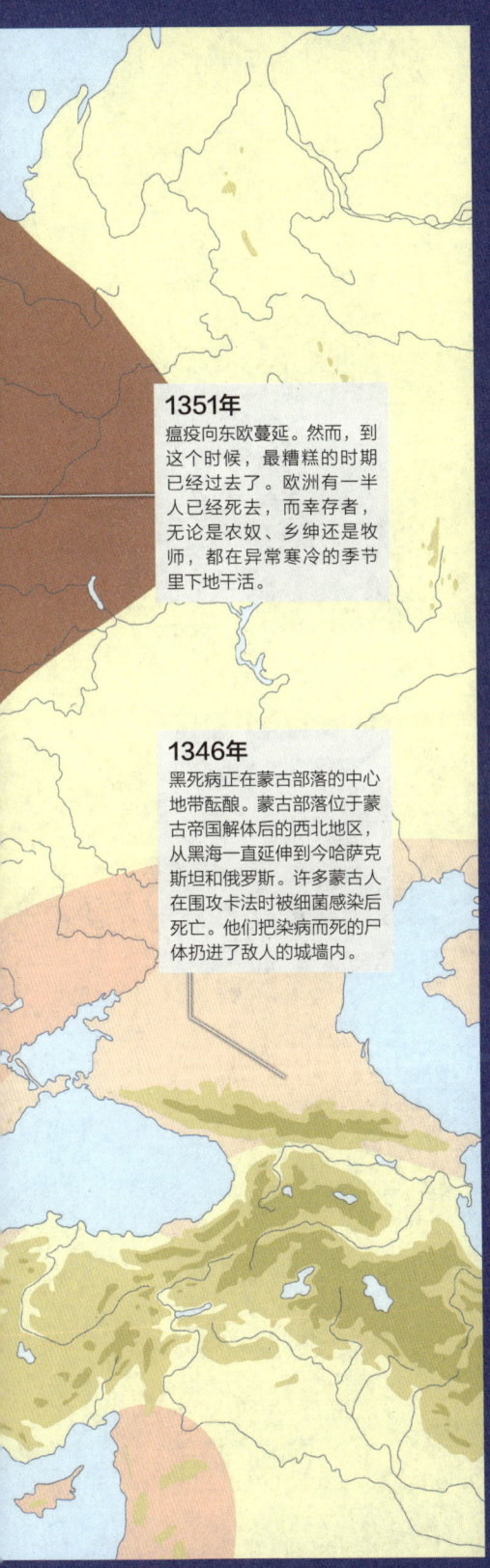

1351年
瘟疫向东欧蔓延。然而，到这个时候，最糟糕的时期已经过去了。欧洲有一半人已经死去，而幸存者，无论是农奴、乡绅还是牧师，都在异常寒冷的季节里下地干活。

1346年
黑死病正在蒙古部落的中心地带酝酿。蒙古部落位于蒙古帝国解体后的西北地区，从黑海一直延伸到今哈萨克斯坦和俄罗斯。许多蒙古人在围攻卡法时被细菌感染后死亡。他们把染病而死的尸体扔进了敌人的城墙内。

当瘟疫来袭……

☠ **流感**
开始时像患重感冒一样，伴随着疼痛、寒战和发烧。

☠ **上帝的标记**
仅仅几小时后，感染的淋巴结周围就出现了红色的圆形皮疹。

☠ **淋巴结炎加剧**
一两天内，淋巴结开始变黑，并肿胀到橙子般大小。

☠ **呕吐**
严重失水，包括失血，伴随加剧肿胀的淋巴结。
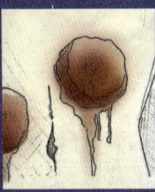

☠ **感染性休克**
感染后的两到三天，感染性休克和肺炎常常侵袭患者。

☠ **呼吸衰竭**
在细菌的侵袭下，身体的中枢系统开始失效。
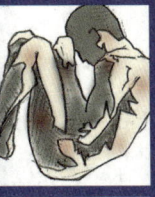

☠ **死亡**
通常在感染后的2至4天，甚至两周内，细菌就会征服宿主。

▲ 一幅描绘瘟疫患者在寺庙外被照料的法国油画

随着死亡率的上升和寡妇们对遗产的吞噬，年轻的贵族和穷人一样一文不名。

腋窝和腹股沟处会肿起来，甚至会在说话的时候死掉。父亲离弃儿女，妻子离弃丈夫，弟兄相互离弃。所有人都逃离了彼此，因为似乎这种疾病可以通过呼吸和视觉传播。人们死后无人埋葬，不管是以钱还是友情的名义，都找不到人来帮忙。"

面对瘟疫和即将到来的末日，法国国王腓力六世（King Philip VI）委托巴黎大学医学院推断出瘟疫的根源，以便消灭它。这些教授的发现并不是个好兆头，因为他们把这一悲剧归咎于土星（Saturn）、火星（Mars）和木星（Jupiter）在宝瓶座的合相，以及土星在木星宫的位置——没有任何事情可以挑战宇宙的意志。当时，木星被认为是温暖潮湿气体的来源，而炎热干燥的火星点燃了这些气体。这些有害的气体被认为是一种厚重的、臭气熏天的带疾病的烟雾，被称为瘴气。瘴气是由火山的硫黄喷发和地震的猛烈威力混合而成的。

瘴气被认为是黑死病的罪魁祸首，人们不敢洗澡（因为洗澡会打开毛孔，吸收瘴气），把自己关在用厚挂毯挂着的密闭房间里，以阻挡有毒的空气，并开始随身携带花束和香盒来驱赶恶臭。但这些都救不了他们。

1346年，蒙古人袭击了卡法，即位于黑海北岸的一个岛屿港口。蒙古人包围了这座城市，准备进行一场持久战，然而黑死病袭击了他们。很快，蒙古人的围攻开始瓦解。

瘟疫虽然花了大约15年的时间穿过亚洲，但它在不到5年的时间里就摧毁了欧洲。当蒙古人被击败后，黑死病沿着黑海海岸蔓延，直抵拜占庭帝国。到1347年，黑死病已抵达地中海，袭击了西西里的墨西拿。在这里，惊慌失措的农民们开始意识到这个"怪物"已然抵达海岸，他们开始拒绝船只驶入港口，但这一切已无济于事，太迟了。

来自热诺瓦和君士坦丁堡的商船把瘟疫带到意大利。在那里，瘟疫在受感染的河流、运河和人行道上来回传播。到1348年，威尼斯每天有约600人死亡，罗德岛、塞浦路斯和墨西拿全都沦陷了。细菌的传染速度加快，猛攻欧洲腹地，使马赛60%的人口和巴黎约一半的人遭受重创。死亡人数之高让人不知所措。波尔多市长甚至放火烧了港口。因为这个阶段，蛇和烟雾比啮齿类动物更令人恐惧，这是一个非常有先见之明的举动。

当时英国的情况也好不到哪里去。黑死病于1348年到达英格兰南部海岸，主要途径是布里斯托尔、韦茅斯和伦敦等港口。到1349年春，黑死病夺去了伦敦50%的人，达到每天死亡约300人的高峰。

这在农耕时代堪称巨大的损失，因为当时国家大部分的财富都来自土地。一英亩一英亩金黄色的玉米地没有农民耕种；骑士和教会人士都自己耕地——这导致了新自耕农阶级的发展。没有农奴的地主被迫向幸存的农民出租地产。在严重的通货膨胀下，这些农民作为劳动力变得非常抢手，并首次实现了独立。这解放了资本，使资本更具流动性，导致了一种原始资本主义的诞生，但也使英国出现"失落的村庄"。

富人的财产不断减少，不仅因为富人因患病而使人数变少，还因寡妇可以继承丰厚的遗产——她们有权领取亡夫收入的三分之一。随着死亡率的上升和年迈的寡妇们吞噬遗产，年轻的贵族们和穷人一样一文不名，也没有更好的方式对抗瘟疫。虽然在黑死病流行之前，英国长期处于人口过剩的状态，这意味着黑死病最初对劳动力市场没有影响，但到了下一代，即14世纪70年代，则出现了严重的短缺。由此，英国政府通过了旨在抑制工资上涨的越来越严格的规定，并最终引发1381年的农民起义。欧洲其他地方也是如此，黑死病也导致了法国的扎克雷起义（Jacquerie，1358）和意大利的梳毛工起义（Ciompi，1378）。

尽管神职人员能为人们提供一些心灵上的抚慰，但宗教对黑死病却无能为力。教会人员通常是最接近医生的人，但他们不可以解剖尸体，因此不能进行尸检以了解死亡的确切原因。有一些牧师由于害怕瘟疫，拒绝举行最后的仪式，并敦促人们互相忏悔。人们也不再举行葬礼仪式，尸体被堆放在几层楼深的地方，每排之间都有一小块泥土。有经济头脑的农民开始通过收集和埋葬死者，来赚取钱财。

最后，神职人员拒绝尸体进入城市，因为丧事太频繁，葬礼的钟声也不再响起。然而，1348年，更大的宗教威胁接踵而至。"鞭笞者兄弟会"（Brotherhood of Flagellants）在德国崛起，并领导1000多人在德国举行了33.5天的游行，以此纪念救世主在地球上的这些岁月。他们残忍地用镶了铁钉的腰带来鞭笞自己。一些人像明星般，许多人伸出手去接从他们伤口中溅出的神圣血滴。

到1349年，该运动已经逐渐销声匿迹，沦为一种从众效应的牺牲品。这种效应造就了太多行为怪异之人，还有流浪汉利用"鞭笞者兄弟会"名义行恶，但它对公众的影响十分深远。

由于大众认为犹太人与神秘的卡巴拉（和黑魔法）有关，因此当时生活在欧洲的250万犹太人成为巫术和邪恶行为的主要嫌疑人。1000年时，他们是强大的国际商人，但后来经历了一段衰落期，导致他们的经济地位在1500年被意大利商人取代。他们被迫散居，分散在欧洲各地，其他民族指控他们从蛇怪的皮肤、蜘蛛、蜥蜴和青蛙，甚至是基督徒的心脏和圣饼中提炼毒药，然后在水井中投入病菌。

严刑逼供下的虚假供词当然起不了什么作用。1349年情人节那天，斯特拉斯堡有2000名犹太人在公墓被烧死。德国和瑞士的其他城市也发生了类似的犯罪事件，引发了欧洲各地的大规模犹太移民潮。

他们逃到了波兰，因为卡西米尔国王爱上了一个犹太女人，因此向他爱人的亲属开放了他的国家边界，在大屠杀之前他们一直待在那里。然而，当犹太人逃亡时，这个"怪物"却在逐渐消失。瘟疫于1350年到达瑞典。而当它到达俄国时，瘟疫在法国和英国几乎已经消失了。

关于到底是什么阻止了瘟疫，历史学家从未达成一致意见。不过，安全检疫、卫生条件的改善和在欧洲穿梭的人数减少（这是因为人数锐减及出于对容易感染疾病的贸易路线的恐惧）都起到了一定的作用。这场瘟疫夺去了40%—50%的欧洲人的生命，即约2000万人。相比之下，1918年第一次世界大战结束后暴发的西班牙流感，在人口更加稠密的欧洲肆虐，夺去了5000万人的生命。在此之前或之后，欧洲大陆从未遭受过如此严重的传染病。

有一首儿歌流传至今，被一些人认为带有瘟疫的可怕印记。它证明了瘟疫对幸存者产生的深刻心理影响："围着玫瑰转，一口袋花束，灰烬，灰烬，我们都倒下了！"在瘟疫出现的早期，人们知道患病者的皮肤上会出现玫瑰色的环状皮疹，而且人们经常携带"花束"，也就是干花做的花束，或一小袋有甜味的草药来预防这种疾病。

许多人不知道黑死病的真正性质，认为它是一种瘴气病，由空气中的有毒有害气体引起。因此，人们会拿着花束，在家里烧香，并因害怕毛孔打开而不再洗澡；甚至会把自己用尿液淋湿，以增强对外界烟雾的防护保护。上面的儿歌中提到的就是这一点。

历史学家认为，伦敦大火（1666）是使英国免于彻底灭亡的原因，因为那场大火消灭了许多啮齿类动物。欧洲用150年的时间才完全恢复，而幸存者认为自己目睹了世界末日。

在黑死病结束后的一个世纪里，战争、死亡和饥荒肆虐，像3个骑士骑着马把欧洲征服了一般。对于迷信、敬畏上帝的民众来说，他们来到了完全无力保护自己的人间地狱，这让他们永世难忘。

这场瘟疫夺去了 40%—50% 的欧洲人的生命，即约 2000 万人。

▲ 死于瘟疫者的葬礼通常在晚上举行，以避免与其他人接触

决定性时刻

哥伦布的航行，1492—1502

克里斯托弗·哥伦布（Christopher Columbus）通过4次航行，"发现"了新大陆，为后来对美洲殖民铺平了道路。

哥伦布得到了阿拉贡国王费迪南德二世和卡斯提尔女王伊莎贝拉一世的支持。他们同意资助他探索新世界的计划。

克里斯托弗·哥伦布

探险者　偶像　杀手

克里斯托弗·哥伦布在定义新世界的过程中发挥了重要作用，但他是否用残暴而血腥的铁腕统治了自己新发现的土地？

克里斯托弗·哥伦布出生在热那亚（Genoan）一个中产阶级羊毛编织工的家庭。他不是个平常的孩子。少年哥伦布对什么都充满好奇。那时，一些商人和海员将地图和航海图带到意大利的沿海地区，哥伦布为此深深吸引。画布上画着复杂的标记，而那些空白的部分似乎在召唤着他。他幻想自己填补了这些空白，也渴望享受随之而来的荣耀。和当时大多数人一样，未知的世界并没有使他不安，而恰恰相反，这让他着迷。哥伦布的父亲在自己儿子身上看到了一种难得的坚韧。他花光了自己的积蓄，为哥伦布在帕维亚大学（University of Pavia）谋得了学习的机会。在那里，哥伦布学习语法、地理、几何、天文学、航海和拉丁语。但是在学习中，这个年轻的热那亚人发现自己的思想总是游离于地图上那些空白的地方。这种渴望为他的生活定下了基调。

1470年，哥伦布获得学徒身份，为3个有影响力的热那亚家族做商业代理。他博学多才，面对逆境时坚忍不拔，初入商场凶猛异常，很快成为驰骋海洋的船长。因为工作关系，他曾踏上世界各个角落：里斯本、布里斯托尔、戈尔韦、西

哥伦布的航海之行

他的 4 次探险改变了世界

关键
第一次航行 1492—1493
第二次航行 1493—1496
第三次航行 1498—1500
第四次航行 1502—1504

1. 1492年8月3日，航行开始
在得到西班牙君主们的大力支持后，哥伦布率领一支最初由6艘船组成的舰队，从西班牙韦尔瓦省的帕洛斯德拉弗朗特拉出发。哥伦布和他的舰队抵达了由卡斯提尔控制的加那利群岛，这是他计划的亚洲之旅的起点。

2. 1492年10月12日，发现美洲
经过5周的横渡大西洋之旅，他们终于看到了陆地。哥伦布原本打算在日本登陆，却偶然发现了巴哈马群岛。他将该岛命名为"圣萨尔瓦多"。哥伦布的船只在海岸抛锚时遇到了困难，许多当地人跳进水里帮助他们。但这些当地人得到的却是被奴役。

3. 1492年12月5日，抵达伊斯帕尼奥拉岛
经过对古巴的短暂考察，哥伦布到达了伊斯帕尼奥拉岛。由于天气恶劣，"圣玛利亚号"在12月25日搁浅，但哥伦布用这艘沉船做炮弹瞄准练习，并在此期间建立了定居点拉纳维达德。然后，他继续沿着伊斯帕尼奥拉岛的北部海岸探索。

4. 1493年11月22日，惩罚当地人
在第二次航行中，哥伦布造访了拉纳维达德的居住点。结果，到处都是燃烧的废墟，还被当地的泰诺人猛烈攻击。为了报复，他要求当地人给他进贡，否则就把部落里每个人的手都砍掉。后来，他向北航行，建立了另一个定居点——拉伊莎贝拉。但是由于哥伦布长期不在，这个定居点最终瓦解。

5. 1498年8月4日至12日，在奥里诺科河上航行
虽然哥伦布的许多计算和假设都被证明是非常离谱的，但他对帕里亚湾（特立尼达和委内瑞拉之间）和奥里诺科河的研究，使他得出了正确的结论——他正在接近一块相当大的陆地。到达海岸后，他指出这片富饶的土地很可能是《圣经》中的伊甸园。

6. 1502年7月30日，在南美探险
哥伦布被剥夺了头衔，身体状况也每况愈下，但他决心探索南美洲北部海岸。在热带飓风中幸存下来后，他和他的船员在洪都拉斯登陆。他花了两个月的时间探索该地区及尼加拉瓜、哥斯达黎加和巴拿马。

非，甚至停靠过冰岛的定居点。虽然哥伦布非常虔诚，但他逐步树立了冷酷无情的名声。哥伦布多年来一直在这些地区从事贸易和商业活动。尽管如此，他的思绪总是飘向那些他小时候仔细研究过的不完整的地图。横亘在他和那些拥有无数财富的传说之地之间的障碍，只有金钱。是时候找到一位赞助人了——一位非常富有的赞助人。

多年来，欧洲与东方保持着一种遥远而又有利可图的贸易关系。欧洲商人通过一条相对安全的路线进入中国，这条路线被称为"丝绸之路"。但那时君士坦丁堡已落入突厥人之手，这条路上到处都是海盗。东部这条路如今已危险重重，即使对最老练的船长来说也是如此。哥伦布当时正在寻找一条通往亚洲的财富新航线。为了实现这一目标，他做了个简单的计划：向西航行，穿越大洋海（大西洋在15世纪至16世纪时的旧称）。

然而，向西航行并不只是调转船头，驶离东方。由于那时地图的一部分并没有明确，学者、地理学家和海员的观点是有失偏颇的。一些人坚持认为地球是一个扁平的圆盘，但更多人对欧洲和亚洲之间的距离，以及传说中位于风暴肆虐的海洋之外的神秘大陆和岛屿的实际大小有许多误读和猜测。即使哥伦布自己的理论也极不准确，

拉纳维达德已经被泰诺人夷为平地，烧成灰烬，而泰诺人在一年前还很乐于接纳他们。

但他的热情和坚持不懈使他从同行中脱颖而出。最终，他得到了西班牙阿拉贡国王费迪南德二世和卡斯提尔女王伊莎贝拉一世的支持。他们同意资助他探索新世界的计划，但要宣称它是属于统一的、信奉天主教的西班牙的。

1492年8月3日上午，哥伦布率领一支由3艘船和两艘较小的商队从帕洛斯德拉弗朗特拉起航。海浪相对平静，船只会在几天内开辟出一条通往加那利群岛的道路，然后进行补给，驶向日本。猛烈的大风和汹涌的巨浪袭击着他们。他们原本的航线被热带风暴打乱，而这些向西航行的海员对热带风暴几乎没有任何经验。10月12日，船上的士气很低，极为危险——有人在暴风雨中淹死，桅杆被猛烈的大风折断，甚至发生了小规模叛乱。哥伦布坐在船舱里，盯着面前的地图。他知道航线已经中断了，但他最担心的是在海上的那段时间。他们早就应该踏上新大陆了。时间不多了。

突然，不知怎的，一个水手高声喊道："陆地！陆地啊！"哥伦布从他的船舱中冲了出来。他在闷热的船舱里待了很长时间，摇曳的海浪溅到他的脸上，使他感到一阵阵刺痛，但他很快就爬上了船尾甲板，他的心被前方的陆地牵引着。他眯起眼睛，第一次看到了一个崭新的世界。远处是郁郁葱葱的草木和海滩，树冠上盘旋着色彩奇特的鸟。他看到了一些黑皮肤的男人和女人。他们中的大多数人几乎没有穿衣服，手里还握着长矛和弓箭。

几个小时后，3艘船在一个安全的地方抛锚，船员也都安全上岸。哥伦布站在沃特林岛（后来成为了巴哈马群岛的一部分）上。他给这里起名为"圣萨尔瓦多"，并声称这是西班牙的荣耀。接下来的几天里，哥伦布会见了岛上3个主要部落——泰诺部落、阿拉瓦克部落和卢卡扬

浪涛上的生活

15世纪，实际的航海是什么样？

船上的医生

在150吨重的船上生活充满了危险。大炮可能会打不着火，桅杆折断、索具脱落可能会砸伤人，船上还可能会出现各种疾病。解决这一切的核心是船上的医生，他的职责是确保船员们身体健康，能够履行各自的职责，不管治疗过程是如何可怕。

水手长

水手长是船上最重要的成员之一。他的责任也为他带来了相当大的风险。水手长通常是三副或四副，负责维护甲板，确保帆和索具保持在最佳状态。在紧急情况下，比如在着火和遇到风暴时，水手长总是第一个赶到现场。

普通水手

对所有训练有素的炮手和舵手来说，船上总有艰苦工作。水手们对同伴不甚亲切，称其为"斯巴伯斯"。普通水手做的是"圣玛利亚号"上最糟糕的工作。用泵输送和清除舱底水（积在船只底舱的水）、解开打结的索具和擦洗甲板只是他们的部分工作。

部落，并开始与他们建立关系，这让他对这个新伊甸园有了更多了解。只有一个位于较远的岛屿上的部落对他们有侵略性，偶尔会偷袭，抢人当奴隶。在一篇日记中，哥伦布写道："我用50个人就能征服他们，想怎么统治他们就怎么统治。"哥伦布不把他们看作人，而是把他们看作可以带回西班牙的战利品。这种态度似乎有些冷酷无情，但在当时却是一种普遍的态度，并最终使奴隶贸易持续了数百年。在圣萨尔瓦多待了一个多星期后，他开始搜索周围的水域，并最终到达古巴北部海岸，后于1492年12月5日登上伊斯帕尼奥拉岛海岸。

伊斯帕尼奥拉岛比他登上的第一个岛要大得多。这里的海面十分平静，岛上的黄金和其他宝藏储备丰富，哥伦布相信，他已经踏上了大富大贵之路。几周后，他在拉纳维达德岛上建立了一个定居点，并从自己的心腹中精心挑选了一班人马，于12月25日命令他们乘坐"圣玛利亚号"向北航行，进行进一步侦察。不幸的是，哥伦布下达命令时喝醉了，而他任命的船员也是如此。几小时后，一半的船员睡着了，船撞上了岩石。

▶ "圣玛利亚号"是哥伦布小型舰队中最大的一艘船，甲板长达17.7米

▼ 这幅图是对哥伦布1492年首次登陆美洲的高度演绎

　　1493年1月13日，哥伦布会见了伊斯帕尼奥拉岛上泰诺人的酋长瓜卡纳加里（Guacanagari）。他同意了哥伦布提出的留下39名船员定居的要求。然后，哥伦布离开了第一次航行的最后一个领地，几天后到达了沙门半岛。在那里他遇到了奇瓜约斯部落。和之前相比，这个部落的人的态度可没有那么友好。岛上的酋长不同意哥伦布建立定居点。战斗很快就开始了，部落里的两个人被杀。哥伦布在部落里挟持了30名俘虏，并起航前往西班牙。在返回欧洲的漫长旅途中，只有7名俘虏幸存下来。

　　一回到西班牙，哥伦布的日记、地图、水果、香料、黄金和俘虏全都成为欧洲人谈论的话题。伊莎贝拉和费迪南德高兴地授予了哥伦布头衔。哥伦布成为了公海的海军上将，成为了他发现的所有土地的总督和地方长官。为了巩固在伊斯帕尼奥拉岛的势力，哥伦布很快就派他的兄弟巴托罗米奥和一批水手、士兵和商人再次前往。

　　9月24日，哥伦布开始了他的第二次重要航行。这支探险队的路线向南移了不少，除了在巴哈马群岛的其他岛屿停留外，还在牙买加做了短暂停留。11月22日，哥伦布和他的17艘船的舰队将船头转向伊斯帕尼奥拉岛，准备看看加的斯的近况。结果，他看到的只是一片燃烧的废墟。拉纳维达德已经被泰诺人夷为平地，烧成灰烬，而泰诺人在一年前还很乐于接纳他们。

哥伦布的血腥一面

传奇探险家最血腥的3次行动

公开羞辱

哥伦布有两个志同道合的兄弟——巴托罗米奥和迭戈。三人都以擅长精神折磨和身体折磨而闻名。西班牙历史学家孔苏埃洛·巴雷拉（Consuelo Varela）说："哥伦布的特点是暴政。"有个例子：一位妇女大胆地指出哥伦布出身低贱，哥伦布的哥哥巴托罗米奥便让她赤身裸体，骑着骡子在殖民地游行。巴雷拉补充："巴托罗米奥命人把她的舌头割掉，而哥伦布称赞自己的哥哥保住了自己家族的名声。"

在地下工作

当哥伦布于1492年到达巴哈马群岛时，发现了许多爱好和平的原住民，其中最著名的是泰诺部落。哥伦布也说这些黑皮肤的土著人是多么友好，他们很少携带武器，因为他们的部落中几乎没有罪犯。哥伦布发现了丰富的金矿，所以他以西班牙国王的名义占领了这片土地，并奴役了这个部落。在之后的两年内，一半原住民——12.5万人死于哥伦布的矿井。

奴隶制和残酷刑罚

哥伦布总是找别人的麻烦、偏执多疑，尤其在他的晚年。据一份报告称，一个偷玉米的男子在被卖为奴隶之前，应哥伦布的要求被割掉了耳朵和鼻子。强制劳役成为哥伦布和他的兄弟们共同的行动方针。哥伦布还亲自监督了一项令人作呕的性奴役交易，这项交易把年轻的印第安女孩和妇女扔进了被迫卖淫的深渊。

▲ 探险者们最初遇到的原住民非常友好热情

哥伦布的遗产

征服者是如何改变世界的

哥伦布并不是第一个到达北美洲的欧洲人,但他在世界上留下的印记是显而易见的。历史学家马丁·杜加尔德(Martin Dugard)说:"哥伦布之所以出名不是因为他先到达那里,而是因为他留了下来。"与500年前维京人建立的小定居点不同,哥伦布声称,他以西班牙的名义发现了这些地方,并在那里建立了大量的定居点。随后,这些定居点不断地从海岸向内陆扩张。

▲ 尽管美国有专门纪念哥伦布的假日，但这位探险家确实犯下了一些残忍的罪行

哥伦布对该岛进行了长达 7 年的统治，奴役了岛上的大部分土著居民。1500 年，岛上的人口由几百万锐减至 6 万左右。

在哥伦布不在的时候，伊斯帕尼奥拉岛仍旧在他的控制之下，很快，那里就和他们刚到达时大不相同了。岛上富足和平的部落很乐意与他们的来宾分享黄金富饶的山谷，但他们对接下来发生的事却没有充分准备。巴托罗米奥强迫成千上万的土著居民在山上挖矿，搜寻贵金属。数以百计的欧洲人也带来了各种西方疾病。这些疾病像野火般在毫无准备的当地人中传播，导致泰诺人掀起了一场起义，但他们的行动却激起了哥伦布对秩序和惩罚的渴望。

在兄弟们的支持下，哥伦布从这块土地中挖出了数不清的财富，就连西班牙的赞助人也不知道有多少。这些财富让西班牙的君主很高兴，但是关于他的暴行的传言很快就传遍了整个西班牙。有报道称统治让哥伦布为权力而疯狂。有关他暴行的报道是真实的，因此他在西班牙宫廷中的许多敌人都津津乐道于这些报道，因为他们嫉妒他的财富。哥伦布的赞助人很可能确实知道他为了在新大陆寻找财富不惜一切代价。不管他有多残忍，他仍旧努力充实西班牙王室的金库，而那时王室因为战争已经捉襟见肘了。

哥伦布将进行第三次航行，之后费迪南德和伊莎贝拉被迫派遣使者调查西班牙宫廷中一直争论不休的问题。在收到报告后，他们剥夺了哥伦布的头衔，并派行政长官弗朗西斯科·德·波巴迪拉（Francisco de Bobadilla）进行进一步调查。当波巴迪拉于1500年8月到达新大陆时，他发现情况确实令人震惊。哥伦布对该岛进行了长达7年的统治，奴役了岛上的大部分土著居民。到1500年，岛上人口由几百万锐减至6万左右。他听到有关哥伦布把年轻女孩卖为性奴的报道，还听到有人抱怨哥伦布和他的兄弟们残害和羞辱任何妨碍他们的人。如今，哥伦布日已是美国的法定假日，然而在当时，他被耻辱地送回了西班牙，但西班牙的君主并没有囚禁或绞死他，仅仅剥夺他的特权和头衔便使这个已经病入膏肓的人奄奄一息了。

哥伦布留下的遗产是他对发现的热情，但一些现代的记述使人忘记了他是一个名义上和本质上的征服者。在绘制和定义新世界的愿望的驱使下，哥伦布不仅发现了新大陆，还打下了一个将持续扩张数百年的殖民基础。他在晚年写道："通过克服所有障碍和干扰，一个人可以坚定不移地到达他选择的目标或目的地。"虽然他的很多行为为人不齿，但他对未知领域的终生追求使他永载史册。

航行中的数字

哥伦布征服生涯背后令人震惊的数据

3700千米
哥伦布计算出加那利群岛和日本之间的距离为3700千米。

17
哥伦布于1493年第二次航行时使用了17艘船，主要由耐用的、适合长距离的背驮式船只组成。

19600千米
加那利群岛和日本之间的实际距离为19600千米。尽管绘图师和地理学家都提供了建议，但哥伦布仍固执己见。

11
哥伦布花了11年进行探险。他的4次主要航行都是以西班牙王室的名义。

1500人
哥伦布第一次横渡大西洋时征召的总人数（主要是西班牙人、葡萄牙人和意大利人）为1500人。

29
在1502年的航行中，哥伦布在圣多明各海岸遭遇了一场猛烈的风暴。他损失了30艘船中的29艘。

10 位在发现美洲中有功劳的探险家

约翰·卡伯特（John Cabot）
意大利人，1450年—1499年
以都铎王朝的名义探索新世界

探险区域： 纽芬兰
探险的其他区域： 加拿大新斯科舍省；美国缅因州

许多历史学家认为约翰·卡伯特是自11世纪维京人建立文兰以来第一个踏足北美的欧洲人。在英国国王亨利七世的庇护下，卡伯特在纽芬兰、缅因州和新斯科舍省登陆。但不幸的是，卡伯特既不是哥伦布那样的水手，也不是他那样的船长，他的航海经历已被人遗忘。

威廉·克拉克（William Clark）
美国人，1770年—1838年
参与绘制太平洋西北部的地图，并共同宣称对其拥有主权

探险区域： 俄勒冈州
探险的其他区域： 美国堪萨斯城、密苏里州、内布拉斯加州、北达科他州

威廉·克拉克在绘制美国地图方面是有史以来最有影响力的人之一。19世纪初，北美被美国、西班牙和法国瓜分。1803年，在从法国手中买下路易斯安那州后，克拉克和探险家梅里韦瑟·刘易斯（Merriweather Lewis）一起，带领了一支探险队，绘制了一条穿越北部各州荒野的路线。

伊丽莎白一世授予罗利探索新世界的特权。

亨利·哈德逊（Henry Hudson）
英国人，16世纪60年代—不详
本准备前往中国，偶然发现纽约

探险区域： 美国纽约
探险的其他区域： 加拿大纽芬兰、新斯科舍省

尽管哈德逊的个人生平有待考证，但他作为探险家的行动帮助改变了欧洲人对新世界地理环境的理解。当哈德逊试图开辟一条直达中国的航线时，意外地发现了纽约。事实上，哈德逊对纽约的测绘非常完整。为了纪念他，人们将一条河流以他的名字命名。

莱弗·艾里克森（Leifur Eiriksson）
冰岛人，970年—1020年
在哥伦布发现新大陆的500年前，一名维京人发现了新大陆

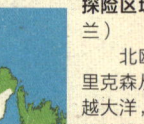

探险区域： 文兰（今纽兰）

北欧探险家莱弗·里克森从斯堪的纳维亚越大洋，在文兰（古斯的纳维亚语，意为北美）建立了据点。虽然冰岛《格陵兰人传奇》等记录指出，莱弗并不是一个踏上美国本土的北欧人，但他激发了维京人在文兰的活动。这位传奇的斯堪的纳维亚探险家在近一千年前就去世了，但他在斯堪的维亚和北美留下的印记至今仍未消失。参观尼苏达州圣保罗的游客将看到莱弗的青铜雕塑立在明尼苏达州国会大厦附近。他的形象征着北欧人向美国移民。

最糟糕的探险
有些探索新大陆的航行因种种不幸而为人所知……

600多名西班牙人死于墨西哥湾
1527年，西班牙国王派遣舰队欲殖民佛罗里达及黄金海岸。一场兵变导致舰队出现一些伤亡。同时，一场飓风淹死了数百名水手。剩下的幸存者被冲上佛罗里达海岸，但许多人死在土著部落的手中。在600多名船员中，只有4人于1528年返回西班牙。

麦哲伦遭到大自然的惩罚
16世纪，葡萄牙探险家费迪南德·麦哲伦（Ferdinand Magellan）在前往亚洲的航行中，误算了太平洋的大小。在270名船员中，大多数人在登陆关岛之前就死于干渴和饥饿。而幸存的人则死于菲律宾人的手中，包括麦哲伦自己。

致命的南极之旅
1911年，由罗伯特·斯科特船长率领的探险队试图成为第一批到达南极的人，但他们在探险中被罗尔德·阿蒙森率领的挪威探险队打败。探险队的5个人——斯科特、威尔逊、奥茨、鲍尔斯和埃文斯付出了生命的代价。人们一直指责斯科特计划不周，但他的坏运气也是一部分原因。

伯特·格雷
（Robert Gray）

人，1755年—1806年
特·格雷船长虽然失去了一只眼
却获得了旁人难以企及的丰功伟绩

探险区域： 美国加利福尼亚州
探险的其他区域： 加拿大不列颠哥伦比亚省；美国华盛顿州和俄勒冈州。

格雷是美国北太平洋沿岸毛皮贸易的
区，并且由美国
海岸向南北推进
时，发现了更多
地。最为人称道
，他不仅是美国
球航行第一人，
在1792年在哥
亚州航行时为其
。直到今天，华
和俄勒冈州的许
地方都是以他的名
名的。

姆斯·库克（James Cook）

国人，1728年11月7日—1779年2月14日
出身的他，改行成为探险家，却在自己发
新世界丧命

探险区域： 夏威夷
探险的其他区域： 加拿大及美国的圣劳伦斯河

船长詹姆斯·库克的名字正如哥伦布和马可·波罗一样，是早期探险的代名词。十几岁时，便加入商船队，开始了自己的职业生涯。在手战争中，他目睹了许多海上冲突。随后，克利用自己在魁北克被围困期间绘制圣劳斯河地图的经验，指挥3支探险队环游世。库克也曾到达夏威夷岛。在那里，他凭借色的专业制图技能，绘制出了细致周密的海地图，令其同伴望尘莫及。但他在1779年第三次航行中，在与夏威夷原住民的冲突中生。

沃尔特·罗利爵士
（Sir Walter Raleigh）

英国人，1554年—1618年
诗人、军人、朝臣、间谍、探险家

探险区域： 北卡罗来纳州、南卡罗来纳州
探险的其他区域： 美国佐治亚州、佛罗里达州

沃尔特·罗利爵士或许是除哥伦布以外最著名的探险家之一。他在伊丽莎白一世（Elizabeth I）在位时赢得她的青睐，因为他拥有许多传说中的奇珍异品，象征着君主统治期正是黄金时代。在与法国和西班牙多年交战后，英国商人向更远的亚洲、非洲和新大陆进军。罗利不仅以追求黄金而闻名，而且在英国殖民北美的过程中发挥了重要作用。16世纪80年代末，伊丽莎白一世授予了罗利皇家特权，以英国王室的名义探索新大陆。

克劳德-让·阿鲁兹
（Claude-Jean Allouez）

法国人，1622年—1689年
狂热的新世界探险家

探险区域： 威斯康星州
探险的其他区域： 美国密歇根州、印第安纳州

阿鲁兹出生于法国，是一名耶稣会传教士，曾前往加拿大，巩固该地区的势力。作为宗教之旅的一部分，阿鲁兹经常与当地部落接触。最终他来到了南方，来到了后来的美国。他最初的工作是在威斯康星州执行一系列任务，与此同时，他沿着密西西比河顺流而下。他对自己探索过的地区都进行了广泛和详细的记录，这为法国后来宣布五大湖为己所有提供了帮助。

赫南多·德索托
（Hernando de Soto）

西班牙人，1497年—1542年
这位征服者掠夺了南方的财富

探险区域： 佛罗里达州
探险的其他区域： 美国佐治亚州、北卡罗来纳州、南卡罗来纳州、田纳西州、亚拉巴马州、密西西比州、阿肯色州、俄克拉何马州、路易斯安那州、得克萨斯州

就像英国海员亨利·哈德森一样，西班牙征服者赫南多·德索托最初在前往中国的航行中偶然发现了北美。他本打算向东航行，为财政状况不稳定的西班牙国王寻找宝藏，但却发现了一片蕴藏着丰富的金银矿藏、植被茂密、荒无人烟的土地。虽然他最为人所知的是他是第一个有记录的横跨密西西比河的外来者，但他曾与探险队一同到过俄克拉何马州、佐治亚州、卡罗来纳州、田纳西州、得克萨斯州、阿肯色州、路易斯安那州和密西西比州。

戴维·汤普森
（David Thompson）

英国人，1770年—1857年
有史以来最伟大的陆地地理学家

探险区域： 内华达州
探险的其他区域： 加拿大不列颠哥伦比亚省、阿尔伯塔省；美国俄勒冈州、蒙大拿州、怀俄明州

出生于威斯敏斯特的汤普森从加拿大向南进入北美的荒野，揭开蕴藏在这片土地中的秘密。在一生大部分时间中，汤普森绘制了横跨边境的面积高达390万平方千米土地的地图。1793年左右，他开始了在落基山脉进行探险的计划，然后绘制了一幅详细的地图，标出了包括蒙大拿州和爱达荷州在内的整个地区的贸易点。此外，加拿大有一条以这位探险家名字命名的高速公路。

决定性时刻
美国第一任总统就职，1789年4月30日

乔治·华盛顿宣誓就任美国第一任总统。如今美国总统被视为世界上最有权力的职位之一。

乔治·华盛顿
（美国人，1732—1799）

简要生平　乔治·华盛顿被许多人誉为美国有史以来最伟大的总统。他在美国独立战争期间担任美国大陆军总司令。随后，他成为美国第一任总统，任期从1789年到1797年。今天，华盛顿仍然是自由的象征，也是世界上最为人熟知的人物之一。

在华盛顿的遗嘱中，他要求释放他所有的奴隶。

美国第一任总统

华盛顿

今天，乔治·华盛顿被誉为美国之父，他是跨越了艰难险阻，才成为传奇英雄的。

乔治·华盛顿1732年2月22日出生在一个拥有奴隶的烟草种植园主家庭。乔治从不同的家庭教师那里接受了各式教育。由于母亲反对，他没能加入英国皇家海军。然而，命运却使华盛顿成为一名测量员。他在卡尔佩珀（Culpeper）、弗雷德里克（Frederick）和奥

创造历史

华盛顿被认为是美国最伟大的领导人的3个原因

1 高尚的美德
华盛顿两次放弃了掌管大权的机会。第一次是在独立战争结束时，他放弃了总司令的职位；第二次是他拒绝第三次担任总统。当有人告诉乔治三世华盛顿要这样做时，乔治三世说："如果他真这么做了，他将成为世界上最伟大的人。"

2 忠于国家
华盛顿并没有卷入政治辩论中充满敌意的争论，而是维护这些团体之间的秩序。作为一个真正的无党派人士，他的首要目标始终是改善国家，而不为任何的个人利益。

3 坚持不懈的精神
华盛顿不是最有天赋的军事领袖，他经历过多次失败，也蒙受过羞辱，但他坚持不懈的决心激励他的士兵和他一样顽强斗争。因此，他创造了历史上最著名的"失败者逆袭成功"的故事。

不仅继承了他父亲的大片土地，而且还获得了弗吉尼亚民兵组织少校的职位。

没过多久，凭借天生的领导力和干劲，华盛顿直接参了军。这位身高188厘米的年轻人比他同时代的人要高得多。弗吉尼亚州中将罗伯特·丁伟迪（Robert Dinwiddie）认为，华盛顿仪表堂堂又善于鼓舞人心，让他劝说法国人离开英国宣称拥有主权的土地非常合适。被法国人拒绝后，华盛顿带领一支小部队返回，袭击了位于杜肯堡（Fort Duquesne）的法国哨所，在15分钟内杀死了指挥官和9名士兵，并将其他人作为囚犯带走。这一事件产生了巨大的国际影响力，英国和法国开始向北美增兵——法国和印度的战争已经开始。几分钟之内，华盛顿这个名字就成了3个词的代表——勇敢、无畏和鲁莽。华盛顿因思维敏捷，被任命为美国第一个全职军事单位弗吉尼亚团的总司令和上校。华盛顿指挥着1000名士兵，肩负着保卫弗吉尼亚边境的任务。在12个月里，他的部队参加了20场战斗，

古斯塔（Augusta）等地游历了两年，做测量土地的工作。自此终生，华盛顿都对土地所有权很感兴趣。在积累了可观的收入后，他购买了第一块土地。1752年，当他的哥哥去世时，华盛顿

向革命进军

★1754—1763★

法印战争

法印战争是英国和法国之间一场旷日持久战争的一部分，被称为"七年战争"。这场战争发生在两大强国的北美殖民地之间，最终法国失去了北美的领土。然而，为了给战争提供资金，英国背负了巨大的国家债务，并且给了法国支持美国独立的理由。

★1765★

《印花税法》

到1764年，英国因七年战争所产生的国家债务已达1.3亿英镑。英国需要一种经济方式支持其在北美的军队，因此决定让殖民地来掏腰包。《印花税法》迫使公民为文件和纸制品交税。由于未经任何同意而实施，该法案立即引起人们不满。愤怒很快演变成暴力，而税款也从未真正收上来。

★1767—1770★

《唐森德税法》

《唐森德税法》是英国议会通过的一系列针对北美殖民地的法案。这些法案对玻璃、油漆、纸张和茶叶等重要的大量进口商品征收关税。筹集的资金旨在维持州长和法官的忠诚，同时也为英国向美洲殖民地征税树立了一个普遍的先例。

★1770★

波士顿惨案

事件发生时，一群起哄的民众聚集在一名英国警卫周围，很快又有8名英国士兵加入其中。士兵向人群开枪，造成3人当场死亡，多人受伤。后来又有两人因伤势过重而死。这些士兵因为失责人罪被捕，但在没有受到指控的情况下被释放。这一事件导致殖民地产生强烈的反英情绪。

▼ 华盛顿能够在不造成人员伤亡和物资损失的情况下将军队从长岛撤离，这让英国人感到震惊不已

美国历史上最伟大的战争之路

★1773★

波士顿倾茶事件

为了迫使殖民地接受对茶叶税的《唐森德税法》，英国通过了《茶叶法》（Tea Act），允许东印度公司将茶叶运往北美。抗议者不顾一切登上船只，将装满茶叶的箱子扔进波士顿港。议会做出了严厉的回应，通过了不可容忍的法案，剥夺了马萨诸塞州的自治权。

★1774★

第一次大陆会议

来自美国13个英属殖民地中的12个的代表在费城的木匠厅开会，讨论如何制止令人无法容忍的行为。他们计划在他们的不满得到解决之前拒绝进口英国的货物。事实证明，这些努力并没有起到作用，于是他们在第二年召开了第二次大陆会议，为即将到来的美国独立战争做准备。

★1775★

莱克星顿战役和
康科德战役

当美国情报部门得知英国军队计划向康科德进军时，他们迅速集结军队，拿起武器。然而，在莱克星顿，仅有77名民兵的美军与700名英军短兵相接，很快被击败。英国人继续前往康科德寻找武器，但被500名民兵击退。这次战役为殖民地赢得了第一次胜利。

★1775★

邦克山战役

这次战役发生在波士顿围城期间，见证了英军对驻扎在邦克山和布里德山的殖民地军队发动的进攻。虽然英军取得了胜利，但同时也遭受了巨大损失。这场胜利因此成为一场没有意义的胜利，也证明了美国人在战斗中能够战胜敌人。这次冲突后不久，乔治三世正式宣布殖民地处于叛乱状态。

▲ 华盛顿位于弗农山庄的住宅图示

▼ 乔治·华盛顿在进攻被法国占领的杜肯要塞时与英军一起作战

华盛顿非常喜欢狗。他给它们起的名字也很不同寻常，如"馅饼""真爱""蜜唇"。

展现了他的决心和直率。一次，他的部队与另一支英国部队交火，造成14人死亡，这次事件暴露了他的鲁莽和缺乏经验。

指挥军队的经历教会了华盛顿许多——如何把手下的人用到极致；毅力和勇气的重要性；纪律和训练的意义。这也让他对英国的军事策略有了一定理解。他与政府官员打交道时遇到一些困难，这让他相信，建立一个全国性的政府是唯一的出路。1758年退役时，华盛顿认为他在战场上的日子已经结束了。

1759年，华盛顿娶了聪明而富有的玛莎·丹德里奇·卡斯提斯（Martha Dandridge Custis）。他们带着女方的两个孩子搬到了弗农山庄的种植园。华盛顿从婚姻中获得了新的财

弗吉谷
宾夕法尼亚州，1月28日

今天的天气比以往任何时候都冷。拥挤的木屋为我们抵挡刺骨的寒风提供了庇护，但冷风从板条之间穿过，穿过我破旧的衬衫，钻进我的骨头里。我想买一双鞋，但一直没能如愿。我原以为光着脚在雪地里走了一段路后，会有人可怜我的，但现在没有补给再运来，食物也快吃光了。刚过去的这周里，我只吃了"火糕"。这种食物是用水和面粉做的，黏糊糊的，凑合填满了胃，但我的灵魂变得空虚了。

我不应该抱怨——我是少数幸运的人之一，没有受到肆虐营地的疾病的影响。皮疹、水疱或高烧此起彼伏，很多人备受困扰。在这里，唯一的安慰是那几个勇敢的妇女。她们为我们清洗和修补制服，有时为那些失去信心的男人提供一下肩膀。

他不是亚历山大或恺撒，而是一个完全不同类型的英雄。

富，他成为了弗吉尼亚州最富有的人之一，并专注于扩大和充分利用他的种植园。他几乎不知道一场革命正在酝酿。不久，他就意识到自己又将回到战场上，而这场战争后来成为了美国历史上最著名的战争。

华盛顿不是最有可能成为革命领袖的人，虽然他反对1765年有争议的《印花税法》（Stamp Act），但在早期，他实际上反对殖民地独立。直到1767年《唐森德税法》（Townshend Acts）通过，他才积极参与抵抗运动。在一次叛乱中，他鼓励弗吉尼亚人民抵制英国商品，直到该法案被废除。然而1774年，这一让人无法容忍的法案还是通过了，因此华盛顿决定采取更直接的行动。华盛顿为人热情，充满个人魅力，因此他毫无悬念地参加了第一届大陆会议（First Continental Congress）。代表们呼吁国王撤销这些不可容忍的法案。第二年，他们又召开了第二次大陆会议。

这一年发生了很大的变化，华盛顿也经历了一些变化。莱克星顿和康科德的战役表明，他们有能力与英国抗衡。华盛顿从头到脚穿着军装出席宾夕法尼亚州会议时，传递了一个强烈的信息：他已经做好了战争的准备。国会也是一样。1775年6月14日，国会组建了大陆军，并且需要一位领袖。华盛顿并不情愿，同时也有些谦虚，他并不认为自己有能力领导这样一支重要的部队。但对周围的人来说，没有其他选择。华盛顿拥有可靠的军事经验、忠诚的爱国之心和强大的指挥能力，因此被任命为军队的总司令。这支部队需要对抗的是世界上最强大的国家的军队。

没过多久，这位新上任的总司令就证明了自己的价值。1776年3月初，华盛顿向多切斯特高地（Dorchester Heights）部署了大炮，扭转了对波士顿的围攻局面。大炮所在的位置绝佳、威力强大，迫使英军撤退，华盛顿将军队开进纽约市。即使是英国的主流报纸也无法否认这位新领导人气质迷人、颇有一套，他似乎能够轻松地击退他们的伟大帝国。

撇开胜利和流言蜚语不谈，事实上，华盛顿心有余而力不足。他以前做过指挥官，但只指挥过1000名士兵，这个数字与他现在指挥的成千上万名士兵相差甚远。他只参加过边境战争，这与他现在所面临的开阔战场决然不同。他从未指挥过骑兵或炮兵军团，只得不断学习。华盛顿必须依靠自己的智慧和勇气，才有希望从经验丰富的对手手中夺取胜利。

在长岛战役中，缺乏经验使华盛顿遭到惨败。为了占领纽约，英国将军威廉·豪（William Howe）发动了一场毁灭性的战争，华盛顿未能设法取胜。英国人的进攻十分猛烈，华盛顿不得不在夜幕的掩护下撤回东河对岸的全部军队。尽管这一举动是了不起的，但对这位善于自我批评的领导人来说，这是一个迅速而残酷的提醒，提醒他作为一名将军的不足之处。他很快意识到，这场战争不会轻易取胜。

但英军也有一个致命的弱点——他们对自己太过自信。威廉·豪低估了对手和他们领导人的决心，把黑森士兵留在特伦顿，满怀信心地认为战争将在未来几个月内取得胜利。而另一方面，华盛顿非常清楚自己士兵的士气。在纽约遭遇失

美国反抗军

英国红衣军

组织

美国有3.5万人的大陆军和4.45万名民兵。他们的法国盟友在美国增加了1.2万名士兵,在直布罗陀增加了6.3万名。在整个战争期间,他们还有53艘船在服役。乔治·华盛顿是总司令,纳撒尼尔·格林是将军。

组织

北美有5.6万名英国红衣军,以及5.2万名效忠者、被释放的奴隶和当地居民。他们还拥有78艘皇家海军舰艇。威廉·豪担任过统帅,但也有许多人如托马斯·盖奇和亨利·克林顿这样获得过勋章的将军和军官。

武器

战争开始时,殖民地没有任何类型的专业常备军。许多殖民地只能提供民兵,而且需要自己配备武装,他们中的大多数携带步枪。部队的首选武器是毛瑟枪,同时携带刺刀。

武器

英军主要使用的武器是口径75的毛瑟枪,俗称"布朗贝斯"。他们还带着刺刀,偶尔还带着短枪。英军也使用能产生巨大效果的大炮,不过,如果美军没有大炮,那么与之作战的英军也不会配备大炮。

资源

大陆军面临着巨大的供应问题。补给一再地被英军巡逻队截获。他们还必须与原始的道路系统做斗争,这种系统经常造成粮食、服装、弹药、帐篷和大量必要的军事装备短缺,日益加剧不利的形势。

资源

尽管英国士兵的装备比美国士兵好,但他们是在异乡作战,物资可能需要数月才能到达目的地。许多英军不得不依靠忠诚的当地居民为他们提供食物,并祈祷这些重要的补给能顺利横渡4800千米的航程。

士气

反抗军最强大的武器是他们对这项伟大事业的信念——从压迫他们的英国王室中争取自由。正是这种强烈的士气和信念鼓励了美国领导人。他们知道自己面对的是装备精良、纪律严明的敌人。尽管屡遭惨败,他们仍继续斗争。

士气

英军认为他们可以轻易地击溃反抗军,这种低估敌人的想法使他们付出了沉重的代价。战争的代价很昂贵,英国国内的支持充其量也就只有一半。对于许多在恶劣环境下离家作战的士兵来说,他们几乎没有战斗的动力。

▼ 华盛顿和士兵们横渡特拉华河

通货膨胀后,华盛顿成为有史以来最富有的总统。

1758 年华盛顿退役时，他自己认为，他在战场上的日子也要结束了。

败并耻辱地撤退之后，他们需要一些积极的东西来激励他们，而特伦顿就是他们的目标。

在1776年那个寒冷的节礼日，华盛顿带领他的士兵渡过了危险又结冰的特拉华河。他手下能顺利渡过难关、毫不退缩的只有2400人，但这已经足够了。

特伦顿的黑森士兵完全没有准备好进攻，很快就被华盛顿及其手下击溃。几天后，华盛顿率领队伍反击了一支在普林斯顿攻击他们的英国军队，为美军取得了另一场规模不大但至关重要的胜利。

与此同时，英军仍然相信叛乱可以随时停止，就像软木塞堵住瓶口一样简单。豪认为，通过控制主要的殖民城市，叛乱之河就会干涸，人们就会屈服于英国的统治。豪把目光投向革命中心费城时，华盛顿策马相迎。但也许是之前的胜利干扰了华盛顿的判断，这场战争失利，费城落入英军手中。然而，英军将军伯戈因（Burgoyne）在萨拉托加战役（Battle of Saratoga）上被迫交出6300人的全部军队，因此美军受到了鼓舞。世界上的一些大国似乎终于开始相信美国有机会打败强大的大英帝国，而法

围攻约克镇

海上封锁
法军在切萨皮克战役中取得胜利后，德·格拉斯将军设置了一道封锁线，阻止康沃利斯从海上逃跑。华盛顿得知这一消息后，决定向弗吉尼亚进军，并包围了康沃利斯。

英军投降
10月17日清晨，英军投降。到10月19日，英军成为战俘。康沃利斯拒绝与华盛顿会面，声称他的军队投降时他生病了，而一些平民迫切地关注这次会面。

美军攻击
美军利用法军转移英军的注意力，向第10号堡垒进军。他们用斧头砍穿英军的防御工事，然后拿着刺刀冲锋。虽然英国红衣军试图反击，但仍被反抗军打败了。

第一次袭击
英军从他们的外围防御中撤退，而美军和法军则利用了这一点。他们架起大炮，挖战壕，于10月9日开始轰炸英军。

国也公开与反抗军结盟。

当豪将军集中精力夺取重要城市时,华盛顿得到了一个启示——虽然个别战斗很重要,但胜利的关键不在于军事上的成功,而在于一直保有反抗之心。英国人对此无法控制,这完全掌握在他自己手中。这种反抗精神在1777年漫长的冬天遇到了最具挑战性的障碍。在长达6个月的时间里,弗吉谷军营的士兵们因疾病而损失千万。饥荒肆虐,物资匮乏,许多人担心这些困难会迫使绝望的军队叛变。华盛顿也面临来自美国公众和国会的大肆批评。他们敦促他加快战争的步伐,而在幕后,反华盛顿运动也在进行。华盛顿只是简单地回答:"不论何时公众对我的效劳感到不满……我都会辞去总司令的职务……退休过属于我自己的生活。"于是,批评人士很快沉默了。

虽然各种条件一直很糟糕,但士兵们在冬天过去后状态很好。华盛顿证明,在他的部队攻击企图离开蒙茅斯法院的英军侧翼时,攻击比以往任何时候都要猛烈。虽然战役最终以僵局告终,但华盛顿终于实现了他自战争开始以来就开始做的事——在一场激战中坚持自己的立场。这对美国人来说意义重大,这证明了不断壮大的大陆军正在以惊人的速度发展,如果他们经历的可怕的冬天没有把他们打垮,英国人还有什么机会呢?法国人似乎也持这种态度。1781年9月5日,24艘法军船只在切萨皮克战役中战胜19艘英军船只。这次胜利阻止了英军增援被封锁在弗吉尼亚州约克镇的康沃利斯勋爵的军队。这正是华盛顿所需要的机会,他并不打算白白浪费掉。

▼ 华盛顿特区的国会大厦正在建设中

▲ 1759年，华盛顿进入纽约时的场景

英军不仅被困，还暴露在外，而华盛顿的部队人数越来越多。他带领士兵离开威廉斯堡，包围了约克镇。从9月下旬开始，大陆军稳步向英军逼近，迫使他们从外围防御工事撤退，美军和法军从而得以利用。当殖民者开始设置火炮时，英军不断地向他们射击。尽管如此，华盛顿仍冒着很大的风险，继续访问前线并激励他的士兵。到10月5日，他已准备好出发。

在一场猛烈的风暴中，华盛顿抓起鹤嘴锄，在泥土上刨了几下，这些沟壑后来成了美军轰炸英军的新战壕。10月9日17点，美军向英军连续不断地发射炮弹。英军船只被击沉，士兵集体逃亡。华盛顿的士兵冲向英军堡垒，击溃了惊讶不已的英军。美军向该镇连降炮火，康沃利斯企图越过约克河逃跑，但没有成功，最终投降了。

华盛顿几乎不知道，他在约克镇取得的胜利将导致英国最终放弃敌对行动，战争结束，美国获得自由。1783年9月3日，两国代表签署了《巴黎条约》（Treaty of Paris），宣布英国承认美国独立。随着胜利的宣布，华盛顿解散了他的军队，并向那些不仅把他视为领袖，而且把他视为战友的人们告别。1783年12月23日，他辞

▼ 华盛顿与托马斯·杰斐逊、西奥多·罗斯福和亚伯拉罕·林肯一起，在拉什莫尔山上永远为人铭记

华盛顿身高1.88米，体重90千克，是美国最高、体型最大的总统之一。

华盛顿并不认为自己有能力领导这样一支重要的部队。

然而,没有他,他的国家将生灵涂炭。由于没有领袖带领人们团结,各州之间因边界问题斗争和争吵,并对公民课以重税。这位前司令官看着他曾带领走向自由的人们费力挣扎。他很沮丧,但又犹豫要不要采取行动。直到马萨诸塞州发生了一次名为"谢斯起义"的武装起义,华盛顿才最终被说服再次成为公众关注的焦点。华盛顿悄悄地参加了1787年在费城举行的宪法大会。他坐在那里,静静地听着,只说了一次话。然而,当时在场的人一致认为,国家政府需要更大的权力——需要一个足够强大和有号召力的人。人们一致推选华盛顿。1787年,他成为了全国代表大会主席。1789年,他再次被一致推选为美国历史上的第一位总统,也是历史上唯一一位获得100%选票的总统。从1789年到1797年,他担任了两届总统,直到他再次放弃了他本可以轻易拥有的权力。1797年春天,他终于回到了心爱的弗农山庄。他意识到——也许比支持他的许多人更懂得——在自由的国度里,权力不可能无限期地掌握在一个人的手中。

与华盛顿有关的谜题已被破解

斯蒂芬·布卢姆维尔(Stephen Brumwell)是一位生活在荷兰阿姆斯特丹的自由作家和独立历史学家。他的著作《乔治·华盛顿:绅士勇士》获得了2013年乔治·华盛顿图书奖。

他有木制假牙

乔治·华盛顿从20多岁开始就饱受牙齿问题的困扰。到1789年,他只剩下一颗牙齿。他有几副假牙,但没有一副是木制的。相反,华盛顿的假牙采用了多种材料——骨头、河马的牙,以及人类的牙齿,并由铅、黄金和金属丝固定。人们之所以认为华盛顿的假牙是木制的可能源于现存假牙是褐色的,但这显然是由于他喝了太多的波特酒。

他曾砍倒一棵樱桃树,并向父亲坦白错误

"樱桃树的故事"可能是围绕华盛顿流传的所有传说中最广为人知的一个。它最早出现在梅森·洛克·韦姆斯(Mason Locke Weems)的一本传记中。为了把华盛顿塑造成榜样,《牧师韦姆斯》虚构了这样一个故事:6岁的小男孩砍下父亲珍爱的樱桃树,然后用"爸爸,我不能说谎"来坦白承认自己的行为,以此来平息父亲的愤怒。

他是个酒鬼

虽然没有证据表明华盛顿设立非法蒸馏酒庄是为了制造私酒,但他无疑是美国威士忌制造者的先驱。1797年,在苏格兰农场经理詹姆斯·安德森(James Anderson)的建议下,他在弗农山庄建立了一家威士忌酒厂。到1799年华盛顿去世时,该酒厂生产了近41640升威士忌,成为当时美国最大的酿酒厂。

他曾将一枚银币投到波托马克河的对岸

年轻的乔治·华盛顿身高188厘米,肌肉发达,以强壮而闻名。然而,即使是在华盛顿的盛年,他也很难把一枚银币扔到波托马克河的对岸。这条河位于弗吉尼亚州弗农山庄的对面,宽约1.6千米。此外,直到1794年,华盛顿60多岁时,银币才被引入美国。

他戴着假发

在华盛顿生活的时代,佩戴假发非常时尚。但他从来没有戴过假发,他更喜欢留着自己的头发。华盛顿总是将红棕色的长发向后紧紧扎成辫子。不过,华盛顿经常使用白色的发粉。在他所在的富有的社会阶层中,男性通常保持这样的习惯,尤其是在正式场合。这让人误以为他戴着假发,这在他的许多画像中都有体现。

滑铁卢：拿破仑的落幕

如今，滑铁卢一役被英国人引以为傲，但实际上，它是一个赌上全部人的最后一搏。

拿破仑神话破灭
身材矮小
这个传言起源于人们对拿破仑身高的困惑，以及"小队长"总是被他高大的保镖包围的事实。拿破仑的身高约为1.7米，接近那个时代的平均身高。

拿破仑正在输掉一切。他知道他要输了,但他在讲话中一直非常自信,所以他的部队没有意识到他已经对局势了然于心。"惠灵顿是个坏将军。"他曾对部下说,但这个"坏将军"把他打败了。虽然他在承认这一点时让他很痛苦,但他自己的确犯了一些错误。他听到一个声音,那是他自己的声音。在他骑马穿过队伍时,这声音在鼓励他。他的话语坚定而有力,但他一定讲述了一个不同的故事,因为他能感觉到副官们正用关切的目光盯着他。

他眼睁睁地看着他的士兵被砍倒,被击倒。当敌人无情地前进时,他周围身穿蓝色制服的尸体散落在湿漉漉的地上。士兵们尖叫着,抽泣着,有些人由于极度混乱而被吓得哑口无言。就在两小时前,胜利还属于他。可就在那段时间里,他失去了一切——这场战斗、他的帝国和他所熟悉的生活。

拿破仑遭遇滑铁卢,他的辉煌崛起和惨烈失败,在当时和如今看来,都可谓是空前的。拿破仑在正确的时间出现在正确的地点,从默默无闻的百姓到光宗耀祖的皇帝,都归功于他的作战天赋、大无畏精神和令人振奋的个人魅力。他使一个国家从籍籍无名走上了世界舞台的最高领奖台。在他的领导下,法国控制了欧洲大陆的大部分地区,而拿破仑成为7000万人的统治者。

通过战争、牺牲和征服,拿破仑比任何人都更接近于他的终极梦想——打造统一、和平的欧洲。但在1812年,他决定入侵俄国,这导致他的所有成就轰然倒塌。这次战役是一场灾难,教会了总打胜仗的拿破仑如何应对败仗。他的胜

决定性时刻
滑铁卢战役,1815年6月18日

拿破仑的7.2万人的军队在滑铁卢被惠灵顿的联军和普鲁士军队击败。这迫使拿破仑退位。

▼ 尽管拿破仑声名远扬,但滑铁卢却是一场势均力敌的战役,任何一方都可能获胜

拿破仑士兵全解析

背包
由鞣制的小牛皮制成。士兵通常携带一个15—20千克重的袋子，里面装着备用子弹、鞋子、衬衫、裤子、抛光刷、饼干和各种个人用品。

胡须
在"伟大的军团"中，怎样留胡须是有严格规定的。轻骑兵必须留络腮胡；掷弹兵必须蓄小胡子；追击兵必须蓄山羊胡。

精美的制服
法国的制服制作经费投入巨大，堪称华丽炫目。绒球、羽毛和绳索给人一种战绩辉煌的感觉，与他们皇帝的赫赫战功相配。步兵的制服造价为200—250法郎，而制作铁骑兵制服的费用竟高达2000法郎。

武器
步兵配备1777年查理维尔步枪和刺刀。他们还携带一个配白色肩带的黑色皮革弹药盒，可携带约35发弹药。

利接连不断,但失败也随之而来。1813年,普鲁士、俄国和奥地利联合起来对抗法国,并在莱比锡战役中发动了残酷的一击。很快,拿破仑的帝国瓦解了,原来的入侵者如今面临着被侵略的境地。1814年,联军抵达法国海岸。尽管沿途遇到了拿破仑利用聪明才智设置的一些障碍,但还是在3月到达了法国首都巴黎。

就在几天内,拿破仑眼看着那些忠心耿耿的人一个个地背叛他。面对不可战胜的联军威胁,他们声称联军的敌人是拿破仑,而不是法国。联军认同了这个观点。4月2日,皇帝被宣布废黜。当时,拿破仑在枫丹白露正率领一支军队。他提议大家继续向首都进军,但由于他大势已去,他的军官和元帅们叛变了。拿破仑别无选择,只能接受自己的命运。4月6日,他宣布无条件退位,宣布"为了法国的利益,他愿意做出任何个人牺牲,甚至献出生命"。拿破仑被流放到厄尔巴岛,希望能永远离开这里。

厄尔巴岛对拿破仑来说,不是重建拥趸或是树立自身形象的良地。在他到达前不久,一尊皇帝的雕像刚被烧毁,这是反法的。但是,拿破仑却在这个欧洲死水一般的小岛上扮演了统治者的

拿破仑神话破灭

军阀出身

拿破仑是个军人,但他希望建立一个统一、和平的欧洲。他既是一名独裁者,也是一位改革家。他制定了法国的法典,并支持自由与和平。

▼ 据说,拿破仑在返回法国时说:"我就在这里。如果你想,就来杀了我吧。"

角色。拿破仑没有接受他的厄运，而是开始建立一支军队，计划光荣归来。前来瞻仰这位陨落皇帝的英国人报告说，他垂头丧气，一蹶不振，听天由命，但这是个致命的错误情报。"小队长"其实是在耍他们。他尽可能地收集关于法国和英格兰的信息，这样他就可以做他最擅长的事——暗中策划他的胜利。密谋暗杀拿破仑或将之驱逐厄尔巴岛的谣言开始流传。1815年2月26日，他开始了逃亡的计划。

拿破仑精心策划了这次逃亡，不甘被湮没在历史的尘埃中；对法国人来说，他的回归是对取代他的波旁王朝的一次勇敢的拯救。人民和军队团结在他们的自由英雄周围。在短暂的一瞬间，法国似乎重新陷入了帮助拿破仑登上权力顶峰的革命之中。但联军很快就谴责了这位"疯狂"皇帝的行为，并鼓励法国人"消灭这最后一次犯罪和无能的疯狂"。联军想要和拿破仑开战，他们想要他死，他们想要法国人民为他们而战。但是他的流放和回归只在他的追随者心中增强了皇帝的力量。在如此巨大的反对下，路易十八逃跑了。拿破仑再次掌权，但在法国之外无人承认他的地位。

尽管拿破仑重掌大权，但那个1805年将世界握在手中的拿破仑已不复存在。那个行动力强、充满自信、魅力非凡的人已经消失了。他不断地征求别人的意见。有几次人们发现他在哭泣，甚至他的身体也似乎垮掉了。他不是一个胜利者，只是一个经历过失败和背叛的痛苦的人——他不想再尝一次。拿破仑可能非常焦虑，这也是自然的事情。他很清楚，等待着他的是敌人的愤怒和战争。他别无选择，只能再次捍卫他的王位，否则他的王位在被捂热之前就会再次被夺去。

▼图中是带领着骑兵的尼元帅。在拿破仑被流放后，他被行刑队处决，这是他作为拿破仑支持者的下场

英雄归零

这些战役标志着拿破仑史诗般的崛起和灾难性的溃败

奥斯特利茨战役
1805年12月2日

这场战役也被称为"三帝之战",奥斯特利茨见证了拿破仑与俄国沙皇亚历山大一世和神圣罗马帝国皇帝弗朗西斯二世军队交战的盛况。拿破仑的战术天赋几乎是无与伦比的,他带领他的部队取得了决定性也是压倒性的胜利。这场胜利结束了第三次反法联盟战争,导致神圣罗马帝国瓦解,为法国统治欧洲铺平了道路。

里沃利战役
1797年1月14—15日

此次战役是意大利战役的一部分。拿破仑的2.3万人的军队轻松击败了奥地利的2.8万人的军队。拿破仑运用他的军事天才,利用敌人的错误消灭了敌人。他的这次胜利被认为是他最伟大的胜利,同时得以让法国人继续占领意大利北部。

德累斯顿之战
1813年8月26—27日

和往常一样,德累斯顿战役中,13.5万名法兰西帝国士兵与21.4万名由奥地利、普鲁士和俄国士兵组成的联军作战。最初,驻扎在德累斯顿的法国军队在控制这座城市时力不从心。但当拿破仑到达时,战斗发生了逆转,法军反败为胜。然而,拿破仑没有跟进,这使他付出了沉重的代价。

莱比锡战役
1813年10月16—19日

莱比锡战役是第一次世界大战前欧洲规模最大的战役,也是拿破仑于1813年的德国战役的高潮。拿破仑在联军的手里第一次吃了败仗,无可奈何地名誉扫地地返回法国。这次战败结束了法兰西帝国统治莱茵河以东地区的时代。此后不到一年,拿破仑被迫退位。

特拉法尔加战役
1805年10月21日

在第三次联盟战争中,法国和西班牙联合舰队面临的是强大的英国海军。尽管法军的舰队实力更强,但拿破仑的军队还是被英国人摧毁了。这场胜利确立了英国海军的霸主地位。尽管此时拿破仑还未被击垮,但它导致了一系列的战败,并使拿破仑垮台。

滑铁卢战役

比利时，1815年6月18日

在击退前进的普鲁士军队之后，拿破仑将面对惠灵顿的军队。7.2万名法国士兵与6.8万名联军短兵相接。拿破仑认为自己的装备更好，但是联军的位置更有利。对于拿破仑来说，是时候检验一下他那著名的战术天赋了。

拿破仑·波拿巴
- 领导力 8
- 士气 5
- 战术 4
- 兵力 8
- 枪支 7

惠灵顿公爵
- 领导力 7
- 士气 8
- 战术 7
- 兵力 7
- 枪支 6

圣拉海耶瀑布

数小时以来，凶猛的法国士兵不断袭击惠灵顿的要塞圣拉海耶。最终，在18点左右，他们取得了胜利，不过法军和英军都为此付出了沉重的代价。拿破仑占据了新的位置，这使他有能力用大炮攻击英军的中心。

惠灵顿的斗争

虽然普鲁士人正在逼近，但他们离得还很远，惠灵顿也在努力把法军从圣拉海耶的重要农舍赶回去。英军骑兵向前进中的法军步兵冲锋——这对法军来说是灾难性的。法军势力被大大削弱，但惠灵顿的左翼阵线也受到此次进攻的冲击。

两线作战

15点30分左右，拿破仑的部队终于在主战场以东5英里①处与布吕歇尔的普鲁士军队相遇。拿破仑的军队又一次处于战术劣势，因为普鲁士占据了制高点。随着战争越来越激烈，拿破仑被迫派遣更多的士兵加入对普鲁士的战斗，而这大大拉长了他的战线。

① 1英里约为1.61千米。

拿破仑冒险拖延

拿破仑意识到惠灵顿更具优势，湿漉漉的地面使他的士兵和大炮难以移动。然而他也知道，布吕歇尔的普鲁士军队正在稳步逼近。他决定冒一次险——先按兵不动，等地面干涸后再行动。他出其不意地在霍古蒙特农场对英军发动攻击，削弱惠灵顿的钢铁防御。

普鲁士军队的到来

法军设法突破了联军的前线，但惠灵顿的部队使用步枪取得了很好的效果。最后，布吕歇尔的部队到达惠灵顿的左翼，瞄准拿破仑的右翼。英国和普鲁士军队的联合力量压倒了法国军队，拿破仑别无选择，只能撤退。他的皇家卫队对他赤胆忠心，他们宁愿牺牲自己也要为拿破仑争取逃跑机会。

拿破仑的攻击

由于惠灵顿的右翼正忙于保卫霍古蒙特，拿破仑决定向英军中路发动进攻。1.8万多名士兵成功占领了帕珀尔波特和圣拉海耶周围地区。拿破仑似乎胜券在握。然而，13点左右，拿破仑注意到东方有动静。普鲁士人来了。

当时无论是精神上还是身体上，拿破仑都没有处于战斗状态，但他知道，如果他不首先采取行动，那么失败是不可避免的。他不得不先进攻北方的英国人和普鲁士人，然后在德国的奥地利人和俄国人还没有来得及增加兵力之前就转攻他们。拿破仑的军队中既有经验不足的新兵，也有经验丰富的老兵。他们首先袭击了布吕歇尔率领的普鲁士军队，造成了巨大的破坏。但至关重要的是，他没能利用胜利，让剩下的普鲁士人逃脱了——这个错误将使他悔恨终生。然而，拿破仑把目光转向了驻扎在滑铁卢、由惠灵顿公爵指挥的英德荷联军。

从数字上看，拿破仑占据优势。他想在英军集结兵力之前发动进攻，而且他做到了——7.2万名法国士兵和246门大炮对6.8万名联军士兵和157门大炮。然而，拿破仑经常在胜算不大的战斗中取得胜利，他很清楚，自己并非胜券在握。真正重要的是军队的地利和天时。在天时这一点上，拿破仑尤其不利。前一天晚上，一场倾盆大雨使田野变成了一片齐膝深的沼泽。维克多·雨果后来声称，这场雨"足以推翻世界"。它确实影响了拿破仑的计划，因为他要把他的枪调到适当的位置。

拿破仑要尽可能地拖延时间。他骑着马在队伍中穿行，滔滔不绝地对士兵们讲话，希望再过1小时地面就会变干。然而，随着布吕歇尔的普

拿破仑神话破灭
英国人对其恨之入骨

这并不完全正确，因为当时有一股强大的英国思潮支持着他，而政府非常害怕起义，所以在拿破仑被流放之前，他们拒绝让他进入英国。

▲ 拿破仑的核心力量之一是他在军队中获得的支持，尤其是帝国卫队的支持

▲ 拿破仑的灵柩被安置在荣军院的重要位置

拿破仑对后世的影响

　　拿破仑对后世的影响甚至在他去世之前就已经开始了。从他一开始征战，世界对他的看法就产生了严重的分歧。对他的支持者来说，他是一股正义的力量，传播法国自由的价值观，最终目标是和平与国家统一。直到今天仍有人持这种看法。拿破仑当时推行的政策为世界法律体系奠定了基础，规定宗教自由，根据人的功绩而不是出身来判断他的价值。然而，也有人持不同意见：尽管一开始他的出发点是好的，但驱使他的是自私的野心，并最终导致数百万人丧生。法国没有正式庆祝奥斯特利茨战役胜利200周年，这位皇帝也远非戴高乐那样的民族英雄。然而，值得注意的是，人们也并不认为他是一个无情的独裁者。这很明显，法国各地有众多以他名字命名的纪念碑，还建有他的安息之所——荣军院（Les Invalides），法国首都最豪华的建筑之一。对拿破仑究竟是解放者还是暴君的讨论似乎没有休止，但双方确实在一些事情上达成了共识——他对欧洲产生的巨大影响至今犹存。

▲ 拿破仑以记忆力超群而闻名，他能随时记住自己的部队在战场上的位置

▶ 拿破仑经常成为被讽刺的对象，如这幅图中的"我抽烟，为我的罪哭泣"

鲁士军队的到来,他意识到有必要把这次耽搁的时间安排得恰到好处。10点或11点30分(这里存在不同说法),拿破仑打响了战斗,在一个叫霍古蒙特的大农舍攻击了英军。占领这所农舍和另一所农舍圣拉海耶是关键,因为这两处是让法军不受抵抗地进攻惠灵顿的主线。

霍古蒙特的战斗激烈而混乱。一个法国军官设法穿越层层阻碍,用斧头砸开了大门。法军士兵蜂拥而入,但联军关上了大门,屠杀了所有进入的人。战斗在霍古蒙特持续了几个小时。拿破仑派遣了1.4万名士兵参加了这场疯狂的战斗,最后甚至连这座建筑都被点燃了,但是联军还是坚持了下来。惠灵顿后来评论:"战争能够胜利的关键在于当时关闭了霍古蒙特的大门。"

拿破仑把注意力转向了英国联军的中心。他命令炮兵连向惠灵顿阵地开火。尽管许多联军士兵被山坡上的人救下了性命,但猛烈且具毁灭性的炮火击中了惠灵顿防线上的一个缺口。拿破仑似乎终于占了上风,但他们后来发现,普鲁士人又来了。黑衣人从战场东边的树林里一拥而上,向拿破仑的右翼挺进。

拿破仑明白,时间决定一切,所以在13点30分,他向联军左边中心发动了毁灭性的炮兵攻击,希望是战役的最后一击。然而,他的部队不得不穿越崎岖泥泞的地面,与英军无情的炮火作战,损失惨重。但是,法军还是设法突破联军的防线,爬上了通往圣拉海耶农舍的斜坡。占领了它,拿破仑就能近距离攻击英军,胜利就在他的掌握之中。

惠灵顿公爵看见他的步兵渐渐招架不住,便派了一支迅疾而野蛮的骑兵部队,把法军步兵击得粉碎。这对拿破仑的军队造成了巨大的破坏,但同时也严重削弱了惠灵顿的左翼。公爵需要增援部队,普鲁士人已经在路上了。拿破仑知道他们将在16点半左右到达。在15点左右的平

▲ 拿破仑是一名营销大师,萦绕在他身上的谜团久久难以消散

静期,他本有足够的时间撤回他的部队,为即将到来的进攻建立适当的防御。但是拿破仑在他所有的战斗中,从来都不谨慎低调。他是个赌徒。普鲁士人向他逼近时,他并没有撤退,而是命令他的士兵尽一切可能夺取圣拉哈伊,确保他的胜利。

法军把他们所有的装备都运用到战线上,在大炮台用大炮轰击他们。最后,在18点到18点半,这座至关重要的农舍被法军占领了。看来是拿破仑赌赢了。惠灵顿夺回要塞的企图被击退了。法国大炮很快被推进到惠灵顿中心线附近的关键位置。

现在一切都取决于普鲁士的增援部队能否按时到达。惠灵顿知道,没有他们,战斗就会失

▲ 滑铁卢战役中,拿破仑的伤亡人数达4.1万,而联军的伤亡人数约为2.4万

败。拿破仑也这样认为。

法军士兵此时正精疲力尽。当在战场上指挥军队的尼元帅要求拿破仑派更多的军队进行致命一击时,据说,拿破仑回答:"军队!你想让我从哪儿再弄来军队?你想让我造军队吗?"事实上,拿破仑认为延长普鲁士人到达战场的时间更为重要。普鲁士人一直在猛击他的军队的右翼,企图占领普朗尚努瓦村。拿破仑知道,只要普鲁士人在那里应战,他就有更多的时间来攻破惠灵顿的中心。

就在这时,拿破仑决定亮出他的王牌——帝国卫队。拿破仑的"无敌战士"面无血色,随时准备战斗。惠灵顿事后说,拿破仑的"无敌战士"在战场上相当于4万士兵,而这时即将检验这种说法。他在距惠灵顿防线不到600码①的地方骑着马,鼓励他的部队前进,并让他们高呼"皇帝万岁"。部队排成三列,在经过拿破仑的时候奏乐、升旗,向他行礼,轰鸣着迎接英军中央阵线。

惠灵顿的大炮已经准备好了。在如此近的距离内,法军的防线上出现了巨大的缺口,但强大的卫队仍继续前进。他们继续穿过被联军尸体覆盖的田野。景象很壮观,而惠灵顿的人在山脊后面的长草里等着他们。当法军突破防线时,联军

① 1码约为0.91米。

作为对他们曾遭法兰西帝国破坏的报复。拿破仑知道,一切都完了。他试图跳入敌人的火海中,但被阻止了。第二天早晨,拿破仑的一位部下看到他站在火堆旁,满脸是泪。

拿破仑有很多机会集结军队再次作战。毕竟,他在北方控制着11.7万人,但他什么也没做。打仗的是法国,赢得战争的也是法国,而不是他拿破仑。也许那时他已经意识到终极真理——他可以赢得任何他喜欢的战争,但他赢不了这场战争。联军的力量太强大了,而他在巴黎的地位也很不稳定。他意识到,这场战争甚至在开始之前就已经失败了。当拿破仑于6月21日凌晨回到巴黎时,有人警告他留在军队里比较安全,但他痛苦地回答:"我受到的打击是致命的。"他神情郁闷,要求召开一次会议,组建另一支军队来拯救这个国家。当这一要求被拒绝时,他没有说什么,只是哈哈大笑,笑声让人惊恐。众议院也许对拿破仑对他的追随者的控制还有些警惕,于是请他退位。他们告诉他,如果他拒绝,则必须去法庭上宣誓作证。第二天,拿破仑第二次退位,也是他最后一次退位。

士兵纵身一跃,近距离开火,摧毁了拿破仑"不可战胜"的军队。在拿破仑大军的历史上,"卫队撤退了"的声音第一次响彻田野。拿破仑的王牌卫队被击败了。

效果立竿见影。法军急忙逃离战场,而惠灵顿的士兵向撤退的士兵们猛扑过去。大约在同一时间,普鲁士人设法夺回了普朗尚努瓦村,一直在那里坚守法国阵地的老近卫军士兵也加入了惊慌撤退的大军。一开始的失败变成了溃败,普鲁士军队也加入了战斗,在后方打击撤退的法军,

拿破仑神话破灭

他在战斗中让步了

拿破仑参与了战争的各个方面——制定计划并指挥进攻。他与部队保持着良好的关系,他能记住所有军官和许多士兵的名字,这激发了部ս士兵极大的忠诚。

拿破仑在得知普鲁士人要活捉自己后,逃离了这座城市,并考虑逃往美国。然而,这个计划无法实施。此时的拿破仑万念俱灰,向长期宿敌英国寻求庇护。英国将拿破仑安置在圣赫勒拿岛上。尽管拿破仑仍然有一群忠实的追随者,但他的流放标志着其统治的终结。他被迫在破旧潮湿的朗伍德屋里度过余生。不到6年,他就去世了。他的去世标志着动摇了世界基础的征战宣告结束,但它的影响直到今天仍然持续着。

林肯的内战

从政治上讲，一国总统对自己的国家发动战争，本是失败的，但亚伯拉罕·林肯（Abraham Lincoln）在作战时出色地发挥了领导作用，因而很受人民爱戴。

轰炸于4点30分开始。驻扎在南卡罗来纳查尔斯顿港口附近的炮兵连向一座小岛上的堡垒连发炮弹。到11点，五分之一的建筑起火。正午过后不久，堡垒的旗杆被击中，美国国旗星条旗倒下。受到攻击的建筑是萨姆特堡（Fort Sumter），是第一个脱离联邦的州联邦政府的要塞。堡垒司令罗伯特·安德森少校（Major Robert Anderson）拒绝把它交给南方联盟军的包瑞德将军，于是联盟军点燃了大炮。那一天是1861年4月12日。美国内战正式开始。

被包围的堡垒在安德森少校投降前已被炮火围困了34个小时。没有人在袭击中丧生，原因不得而知。然而，毫无疑问，美利坚联盟国的军队向美利坚合众国的军队开火。美国处于分裂的状态，爆发了内战。怎么会这样呢？

也许这是不可避免的，因1776年的《独立宣言》（Declaration of Independence）中的这些话与起草人的道德之间存在矛盾。《独立宣言》指出，"人人生而平等"是"不言自明"的真理。然而，它的主要起草人托马斯·杰斐逊（Thomas Jefferson）和其他许多签署者都是奴隶主。事实上，1787年的宪法承认奴隶制是合法的。8位总统在任职期间都拥有奴隶，其他许多政府官员也都是奴隶主。

然而，基于道德、政治和宗教原因，反对奴隶制的呼声越来越高。到1800年，许多北方州已经废除了奴隶制。不久，大英帝国也宣布奴隶制不合法。随着废奴运动发展，南方各州的人们开始捍卫奴隶制，认为它是一种"家长式"的制度，是一种"积极的善行"，甚至在他们的论点

> **我们都为自由而战，但使用同一个词并不意味着指代同一件事。**
>
> ——1864年，林肯在巴尔的摩的演讲

▲ 1862年，联邦军队接纳了被解放的和逃跑的奴隶

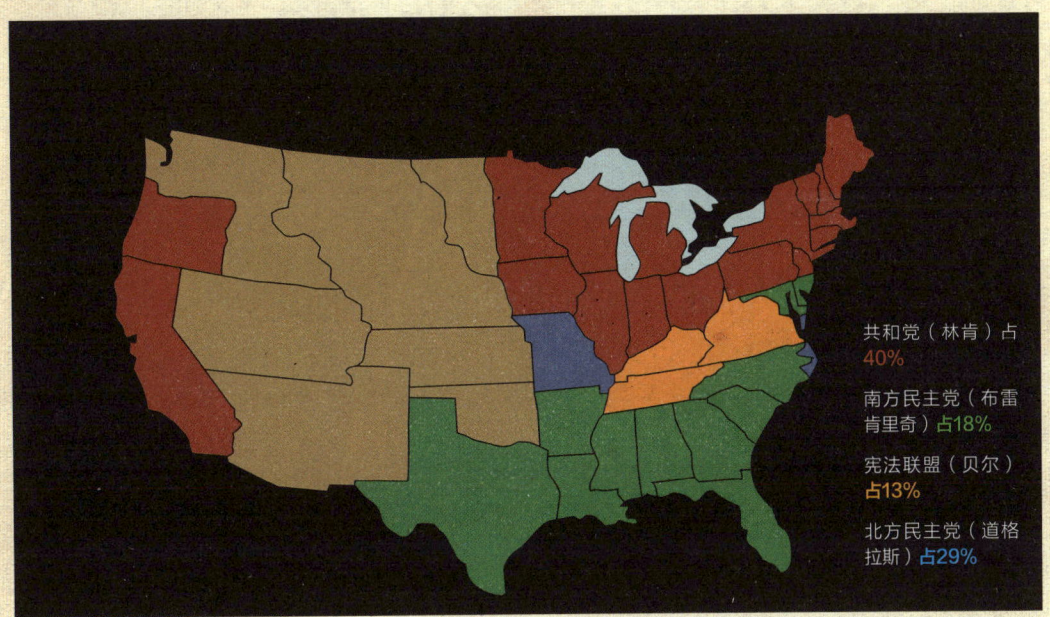

▲ 1860年美国大选地图

共和党（林肯）占 40%

南方民主党（布雷肯里奇）占18%

宪法联盟（贝尔）占13%

北方民主党（道格拉斯）占29%

中引用了《圣经》中的词句。实际上，南方的奴隶制是该地区经济的推动力。种植园主严重依赖奴隶，特别是在棉花种植区。他们是不会轻易放弃奴隶制的。

1848年美墨战争结束后，美墨边界终于确定下来。美国开始向西部的新领土扩张，但是对这些地区应该成为自由州还是奴隶州的争论非常激烈，有时还因此发生暴力事件。人们采取了各种妥协和短期措施，局面一度稳定。1858年6月16日，在伊利诺伊州斯普林菲尔德市的一次演讲中，这个根本性的问题再次被提出。提出人是新成立的伊利诺伊州参议院的一位共和党候选人。他说："一个家庭如果发生内讧，便难以维系。我相信，如果我们国家的人民一半是奴隶，一半是自由人，是不可能稳固的。我不期望联邦被解散，也不希望这个家庭破碎。我确实希望它能停止分裂。"这位候选人的名字叫亚伯拉罕·林肯。

林肯于1809年出生在肯塔基州一个贫穷的农民家庭，在一个只有一个房间的小木屋里长大。他几乎没有受过正规教育，基本上算自学成才，后来靠各种体力活谋生。在全家搬到伊利诺伊州后，他专心学习法律，最终在1836年通过了律师资格考试，过上了富裕的生活。1846年，他与肯塔基州富裕的奴隶主女儿玛丽·托德（Mary Todd）结婚，之后作为辉格党成员在众议院担任了一届议员。然而，辉格党是一支日渐式微的政治力量，另一个新的政党力量——共和党冉冉升起。该党反对将奴隶制扩展到新成立的州，这深深吸引了林肯。他于1856年加入共和

每当我听到有人为奴隶制辩护时，我就有一种强烈的冲动，想亲眼看看让他当奴隶的话，会是什么景象。

——1865年，林肯对穿越华盛顿的印第安纳兵团发表的声明

▲ 马萨诸塞州第54志愿步兵团在第二次瓦格纳堡战役中

党。短短两年内，他就当选为共和党伊利诺伊州参议院候选人。

林肯的对手是民主党参议员斯蒂芬·道格拉斯（Stephen Douglas）。两人进行了7场辩论，全美报纸都对此进行了报道。林肯提出禁止在新领土上扩大奴隶制的主张，经常使道格拉斯陷入困境。尽管如此，道格拉斯仍旧获胜了，州议会发起了投票，民主党以54：46的结果胜出。然而，道格拉斯在反驳林肯的论点时所采取的立场，激怒了南方各州的共和党成员。后来证明，这种做法代价巨大。

相比之下，林肯尽管在参议院竞选中失利，但在为共和党价值观辩论方面却展现了其不凡的才能，赢得了广泛的赞誉。1860年，当共和党寻求总统候选人时，便将目光转向了这位来自肯塔基州的农家男孩。

人们认为，林肯作为一个温和派候选人，能够在宾夕法尼亚州和中西部各州中获胜。他不像党内一些激进的成员那样是废奴主义者，他承诺不会干涉南方各州的奴隶制。事实上，他认为宪法应禁止废除奴隶制的任何企图。然而，他一直反对奴隶制，从道德和政治的角度认为这是错误的。他希望随着时间的推移，到各州都开始反对它时，它就会被推翻。然而，至关重要的是，他

弗雷德里克·道格拉斯和废奴运动

弗雷德里克·道格拉斯于1818年出生在一个奴隶家庭。他逃离了原来的生活环境,成为废奴的主要活动家。同时,他也是19世纪重要的非洲裔美国人领袖。

弗雷德里克的母亲是一名奴隶,父亲是一名不知名的白人。他住在马萨诸塞州的新贝德福德;结婚后参与了废奴运动,演讲他在成长过程中那些残酷无情的经历,令人动容。

一直有人鼓励道格拉斯写自传,对奴隶制进行有力的控诉。这本自传描绘他是一个逃亡的奴隶,不得已逃往了英国。支持者"购买"了他的自由,允许他于1847年回到美国。他很快创办了一份反对奴隶制的报纸。这份报纸以不同的名字存在,一直办到1863年。

内战期间,道格拉斯曾游说允许美国黑人参战。《解放奴隶宣言》发表后,他招募了马萨诸塞州第54志愿步兵团,这也是第一个黑人步兵团。内战结束后,他开始为黑人争取权利,并于1895年去世前担任了几个政府职务。

坚决反对将其扩散到新的地区。

与此同时,民主党人在选择总统候选人时,在"一个家庭如果发生内讧,便难以维系"的观点上,分为南北两派。北方派支持林肯在参议院的对手斯蒂芬·道格拉斯。然而,南方派民主党人仍然对他怀有敌意。为了巩固他们的立场,他们最终推举了坚定支持奴隶制的副总统约翰·布雷肯里奇参加竞选。

林肯以略低于全美40%的选票赢得了足够的州选举人票,成为了美国第16任总统。然而,在南方各州,他的名字甚至没出现在选票上,因此几乎没有人投他的票。南卡罗来纳州感到很不公平,因此,在林肯获胜的几天后,该州组织了一次大会。1860年12月20日,该州脱离了联邦。

1861年3月4日,在林肯就职前,密西西比州、佛罗里达州、阿拉巴马州、佐治亚州、路易斯安那州和得克萨斯州也脱离了联邦。7个州宣布成立"美利坚联盟国"。甚至在林肯真正就职前,他们便有了自己的总统——杰斐逊·戴维斯。

这件事发生后,第16任总统林肯在就职演说时,非常清楚地阐明了什么才是最危险的。他警告:"对我不甚满意的同胞们,内战这个重大问题掌握在你们手中,而不是在我手中。"林肯毫不含糊地表示,他的政府不会策划入侵南部联盟国,但如果南部联盟国的前哨受到攻击,作为总统,他有义务为南部联盟国采取行动。林肯继续说道:"如果你们不发动侵略,就不会有冲突。"但他们果然在萨姆特堡集结部队。也许战争是不可避免的。

另外4个州——弗吉尼亚州、阿肯色州、北卡罗来纳州和田纳西州很快加入了反政府武装的行列。此时,反对联邦政府的州达到了11个,而站在联邦政府一方的有23个。向国旗开火的行为被视为叛国,即使是林肯的民主党对手,比如道格拉斯,也是这样认为的。在萨姆特堡的国旗倒下后,北方便有了开战的理由。他们的目的是结束分裂,拯救联邦。而南方的目标要简单得多:他们要生存下去。

南部邦联的弱点在于人口比北方少得多,在工业力量和财政资源方面也弱得多。这些因素表明,这会是一场持久战。双方都需要召集大量志愿者组成军队。领战的则是战前美国陆军西点军校的军官。当时有大量能力出众的人才来自南方,许多人辞去了他们的职务,为南方联盟国而战。

> **通过给予奴隶自由,我们确保了自由人的自由。**
> ——1862年,林肯致国会的短讯

▲ 1903年,切罗基族同盟在新奥尔良重聚

▲ 钱塞洛斯维尔战役中，在弗雷德里克斯堡中的联邦士兵

这给林肯带来了一个问题。他的总司令温菲尔德·斯科特（Winfield Scott）现年75岁，是一位即将退休的老兵，而且没有合适的继任者。其中一位候选人是陆军准将欧文·麦克道尔（Irwin McDowell）。他领导联邦军队参与了战争早期的重大战役，即弗吉尼亚州的布尔朗战役（Battle of Bull Run）。一开始，这两支训练有限的新军队间的交战十分混乱，但似乎正朝着麦克道尔希望的方向发展。但南方军顽强抵抗，最终，以联邦军耻辱战败告终。

麦克道尔的势头逐渐衰弱。斯科特退役后，乔治·麦克莱伦将军被提拔为总司令。麦克莱伦傲慢自大，野心勃勃，在华盛顿与他的上级发生冲突。尽管他在冬天充分训练了军队，但他没有取得决定性的战场胜利。麦克莱伦在战术方面十分谨慎，与罗伯特·E. 李（Robert E. Lee）等南方指挥官攻击型的风格形成鲜明对比。1862年9月，双方在安提塔姆战役中交锋，麦克莱伦的军队人数几乎是李的两倍。交战十分激烈。就伤亡人数而言，是美国历史上战斗成本最高的一天——南方联盟军被赶回弗吉尼亚，但是林肯却因为联邦军未能趁胜追击而感到沮丧。两个月后，他将麦克莱伦解了职。

林肯早年在白宫生活时经常与将军们发生冲突。战争迫在眉睫，他如饥似渴地研读军事理论。他期望成为最高指挥官，宣讲打仗的战略，而不仅仅是视察军队和军事医院，提高士气。他的这种想法被记录在《军事政策备忘录》中。该备忘录是他在布尔朗战役溃败后撰写的。1862年1月，林肯总统阐明如何取得陆地战的胜利："利用北方联邦的优势兵力，在广泛的战线上同时发动进攻。在敌人移动兵力想突破压力点时，尽可能与敌军交战并击败他们，而不是试图占领特定的地方。"林肯的困难在于找到和他想法一致的将军。

尽管如此，联邦仍然认为安提塔姆一战获胜的是自己一方。随后，林肯抓住了这个机会来面对奴隶制问题。在战争开始时，他坚持其目的是拯救联邦,并保证不影响南方各州的奴隶制制度。林肯认为,自己无法挑战奴隶制,因为宪法规定国家认可奴隶制,这才使密苏里州、肯塔基州、马里兰州和特拉华州等重要的边境蓄奴州得以忠于联邦。

然而,随着战争的展开,奴隶制的影响不容忽视,因为它正在破坏联邦运动。奴隶被用来为南方邦联军建造防御工事。而在农场和种植园工作的奴隶维持了南方的经济,为更多人参与战争创造条件。林肯决心打破这种平衡,因此于1862年9月发表了《解放奴隶宣言》拟稿。

时机必须合适才行。林肯已被迫废除了几位联邦将军颁布的解放军令。因为他认为只有总统通过宪法认可的战争权力,才能下令解放奴隶。他还担心公众舆论,担心如果行动太快,北方将没有足够的人支持他,或者他可能失去那些重要的边境州。事态到了紧要关头,但林肯认为,现在正是时机——联邦军队在安蒂塔姆取得胜利已经5天了,应该乘胜追击,利用《解放奴隶宣言》进一步破坏南部邦联的战争企图。

这份宣言提出,如果反叛的各州同意结束奴隶制,就可以返回联邦。但是,如果在1863年1月1日之前没有做到,这些州的所有奴隶将永远享有自由。这样的举动会伤害南部邦联,但林肯辩称,这是一个合法的战争措施,既是必要的也是公正的。不出所料,反叛的各州没有把《解放奴隶宣言》拟稿放在眼里。1863年的第一天,林肯发布了定稿版本的《解放奴隶宣言》。他在文件上签名时说道:"在我的一生中,我从未像现在这样确信自己做的是对的。"他很有把握,

▼ 里士满被占领后,林肯和儿子泰德出现在这座曾被定为南部邦联首都的街头。几天后,林肯被暗杀

★ 联盟的将军 ★

确定合适的人指挥联盟部队的陆地战。
事实证明,他设想的总统竞选充满了挑战和挫折。

尤利西斯·S.格兰特
最高军衔:联邦军队总司令
任命时间:1864年3月
内战表现:★★★★★

在成功突袭田纳西州的堡垒后,格兰特被提升为少将。在希洛,他几乎溃不成军,但最终挽回了局面,然后在维克斯堡扬名立万。他掌管了所有的联邦军队,在弗吉尼亚与李对峙,并最终击败了对方。

威廉·谢尔曼
最高军衔:少将,主管联盟西部军队
任命时间:1864年3月
内战表现:★★★★☆

第一次布尔朗战役后,谢尔曼被提拔为准将,但他患有精神疾病。恢复原职后,他率领军队攻占了亚特兰大。他在佐治亚州和卡罗来纳州发动了"全面战争"。

乔治·米德
最高军衔:波托马克军团陆军少将
任命时间:1864年8月
内战表现:★★★☆☆

米德上任后不久,就在葛底斯堡击败了李,但他因没有追击而受到严厉批评。在格兰特的带领下,他在后来的战役中成功地领导了波托马克军团,获得少将军衔。

温菲尔德·斯科特
最高军衔:联邦军队总司令
任命时间:1855年2月
退休时间:1861年11月
内战表现:★★★☆☆

战争开始时,75岁的斯科特无法指挥战场。尽管如此,他还是制定了封锁南方港口和袭击密西西比河的战略。他的战略并没有被采纳,但北方利用类似的策略取得了胜利。

约瑟夫·胡克
最高军衔:波托马克军团陆军少将
任命时间:1863年1月
内战表现:★★★☆☆

胡克重振了军队,恢复了士气。他被人称为"战斗的约瑟夫"。在未被任命前,他取得了一些成绩。在随后的战斗中,他经历了一些坎坷,未能从惨败中恢复,并在昌塞洛斯维尔撤退。

安布罗斯·伯恩赛德
最高军衔:波托马克军团陆军少将
任命时间:1862年11月
内战表现:★★☆☆☆

取代麦克莱伦后,伯恩赛德发起了进攻。他在弗雷德里克斯堡以高昂的代价打了败仗,被解除了指挥权。后来在田纳西州曾以智战胜了朗斯特里特将军,但在环形山战役中再次惨败。

乔治·麦克莱伦
最高军衔:联邦军队总司令
任命时间:1861年11月
内战表现:★☆☆☆☆

麦克莱伦重组了联邦军,将志愿军转变成一支高效的军队,但他在战场上却异常谨慎。林肯认为他一直未能取得对南部邦联的优势,对他失去了耐心,并在1862年11月解除了他的指挥权。

有一位去了对方的阵营……
罗伯特·E.李
最高军衔:邦联军队总司令
任命时间:1865年2月
内战表现:★★★★★

1861年4月,李拒绝联邦军队的指挥,声称他无法与弗吉尼亚同胞作战。后来,他成为南方联盟的将军。李曾指挥北弗吉尼亚的军队,后来又指挥所有的南部邦联军队。

内战表现: ★★★★★ 极佳 ★★★★☆ 尚好 ★★★☆☆ 一般 ★★☆☆☆ 不佳 ★☆☆☆☆ 极差

林肯的优点和缺点

优点

杰出的政治家
林肯的演讲才能出众,是有史以来技巧最为高超的政界人士。他的天才之处在于他总能寻求不同的意见,而且这些意见往往与他自己的意见相左,然后制定方针,并把持不同意见的人也拉到自己身边来。

意志坚韧
林肯坚定不移地踏上了一条艰难而痛苦的道路。他面临来自许多方面的批评和蔑视,但他并没有动摇。他相信保护联邦是他必须完成的事业。

踏实务实
作为战争期间的总司令,从战略规划到任命或解聘李将军,林肯态度积极,喜欢干涉。此外,他忙于视察现役部队,提高他们的士气,或去医院看望伤员。

诚实
林肯年轻时就有"诚实的亚伯"这个绰号。在他的律师生涯和后来的政治生涯中,这个绰号一直伴随着他。他的正直使他的朋友和敌人都清楚地知道各自的立场。

幽默
林肯也有比较和蔼的一面。他一生都在讲故事,讲笑话,讲逸事,以此赢得更多的听众,阐明某些观点。有时只是为了在做出重要决定之前,让内阁的气氛轻松一些。

缺点

目标不清晰
老布什曾说,林肯没有清晰表达出国家未来应有的样子。林肯自己也曾承认自己的弱点。他这样写道:"我可以宣称自己没有控制住局势,但是我可以坦白地承认,局势控制了我。"

种族和殖民
在很长一段时间里,林肯固执地坚持亨利·克莱关于通过殖民实现种族隔离的观点。也许缺乏远见是原因之一,但对于这样一位务实的政治家来说,认同这种观点是非常不切实际的。

公民权利
战争开始时,林肯行使了前所未有的行政权,包括暂停人身保护令和关闭反对派报纸。他的措施招致反对者甚至一些支持者的批评,他们担心他已经越权。

不顾安全,鲁莽行事
有人警告林肯他正面临被暗杀的危险,但他仍旧没有雇用保镖。他经常在夜间独自骑马,并于1864年8月被偷袭。他的烟囱帽被一颗子弹打穿,但他只是受伤,并成功逃掉。

孤僻
林肯能与持各种观点的政治家打交道,但几乎没有什么亲密的朋友。他刻意与人保持距离,被人描述为"绝不是一个善于社交的人",甚至是"神神秘秘的"人。

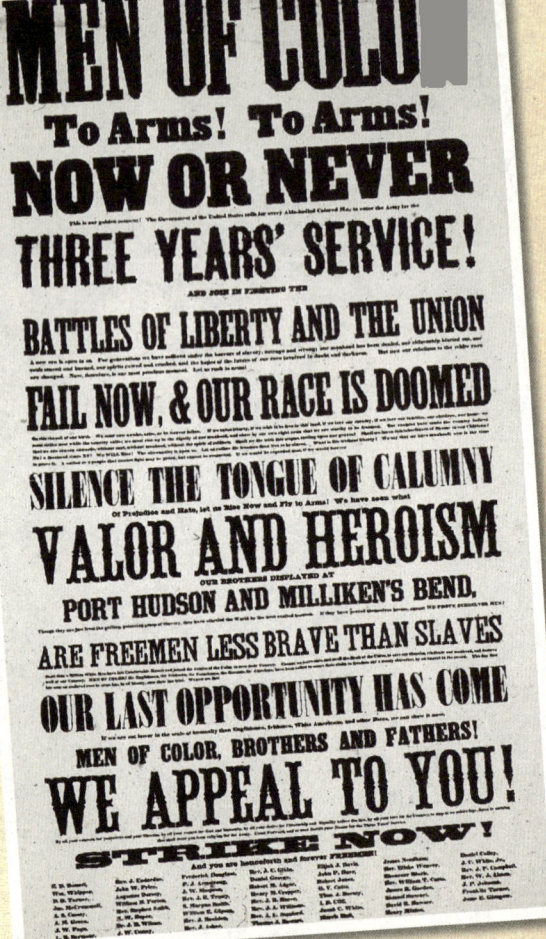

联邦内部也很乐观,认为这将促使战争结束。

《解放奴隶宣言》还有另外两个重要影响。其一,它使战争上升到道德的层面。林肯一直以道德为理由反对奴隶制,他的战争目标发生了变化,原来是维护联邦,现在变为维护联邦并解放人民。这对林肯个人来说很重要,而且在国际上也很重要,因为南部联盟曾希望获得欧洲的支持。然而,法国和大英帝国自1833年起就宣布奴隶制是非法的,他们不能公开支持蓄奴而反对解决奴隶。

第二,《解放奴隶宣言》允许被解放的奴隶加入联邦军队。在这之前,在北方获得自由的非洲裔美国志愿者数量激增,加上被解放的奴隶,及时地补充了人力。它为美国黑人军队的发展铺平了道路,使其成为了联邦军队的重要组成部分。

▲ 第一次布尔朗战役是美国内战中第一次大规模的战役。这幅画展现了其混乱的战斗场面

然而,《解放奴隶宣言》只释放了仍未加入联邦的州的奴隶。进一步说,林肯需要确保第二次选举胜利。但在1864年上半年,这似乎不太可能。这场战争让双方都付出了巨大的代价。共和党激进分子认为林肯对这场冲突处理不当,正在为另一位候选人进行游说。而事实证明,反叛的政府军一直在顽强抵抗。7月,朱巴尔·厄尔利将军率领的一支小型邦联部队甚至对华盛顿特区发动了一次攻击。他们日益临近,在华盛顿引起了恐慌。林肯试图通过在公众前露面来平息事态。他视察了位于城市边缘的防御工事。他在史蒂文斯堡(Fort Stevens)的护墙上观察到一些小冲突,受到狙击手的攻击,直到有人称赞他英勇无畏,他才爬了下来,也因此赢得了"战时唯一一位被敌人直接射击的总司令"的荣誉。

不过,在那个时候,林肯已经有了一个他信赖的总司令。在那一年的早期,他任命了尤利西斯·S. 格兰特为总司令。联邦的力量终于开始显现,在8月和9月的关键战役中取得了胜利,使选举的势头向有利于林肯的方向发展。他面对的民主党人是被他解职的麦克莱伦将军。当时民主党人内部仍然存在分歧:一些人希望尽快实现和平;另一些人像麦克莱伦一样是支持战争的温和派。最终,林肯获得压倒性胜利。

共和党竞选连任的一个主要政策纲领是修改宪法,在全美永久禁止奴隶制。林肯的当选证明他是正确的。他迅速采取行动使第十三修正案得以通过。虽然做到这一点需要技术高超的政治策略,但林肯说服了即将离任的第38届国会为修正案提供两党的支持,使之于1865年1月31日通过。

然而,解放数百万黑人将对国家种族关系产

专家意见

林肯是有史以来最伟大的美国总统吗?

路易·P. 马舒尔特是美国罗格斯大学美国研究和历史方向的特聘教授,著有《林肯最后的演讲:战时重建和团聚的危机》《林肯的几百天:<解放奴隶宣言>和联盟的战争》《内战简史》。

他认为:"华盛顿和林肯,一个创造了国家,另一个拯救了国家。对我来说,林肯是最伟大的总统,不仅因为他所做的事——捍卫民主,维护联邦,发布《解放奴隶宣言》,为现代化、工业化的美国奠定基础,还因为他展现的领导才能。林肯很有耐心,深谋远虑,善于识人,最重要的是,他愿意根据不同的情况而改变自己的想法。他曾宣称:'过去的岁月虽然静好,但那时的教条已经不足以应付狂风暴雨的现在。'他的行动和言语继续激励着人们,他带领这个国家通过战争走向和平,并为'自由的新生'奠定了框架。在他去世150年后,他仍影响着世人。"

▲ 林肯最终找到了自己心仪的将军——尤利西斯·S. 格兰特。格兰特后来成为了总统

生何种影响呢？林肯也是一筹莫展。他在《解放奴隶宣言》的最初版本中提到那些释放奴隶的人可以在海外自愿殖民，但这部分在《解放奴隶宣言》最终版本中被删除了。林肯再也没有公开谈论过这个问题。一些人认为，将解放奴隶与殖民结合起来是一种策略，目的是说服对解放奴隶持怀疑态度的人。而另一些人则认为，考虑到联邦队伍将因黑人新兵的加入而膨胀，他改变了对这个问题的看法。

这两种观点基本上都让林肯得以通过殖民政策。但最近有证据表明，他从未完全放弃殖民政策。在《解放后的殖民：林肯和黑人重新定居运动》中，作者菲利普·马格尼斯和塞巴斯蒂安·佩吉发现了证据，证明林肯在《解放奴隶宣言》最终版本发表很久之后仍在试图做出殖民安排。他们的研究显示，林肯除了希望在巴拿马、海地和利比里亚建立殖民地外，还与英国政府进行了大量秘密讨论，想在西印度群岛找到更合适的地区。他们认为，林肯积极推行这一政策的时间远远长于此前人们所认定的时间，可能持续到1865年。

1816年，随着美国殖民学会成立，自愿殖民的理念逐渐形成。坦率地说，他们的观点是，由于奴隶是外来的，那么出于人道主义，他们在解放后还应该被送回。该学会的创始人之一是辉格党领袖亨利·克莱。克莱的观点深刻地影响了林肯。很明显，在殖民问题上，他似乎对其全盘接受。

▲ 列兵埃德温·弗朗西斯·杰米森是战争中的儿童士兵代表

在他的辩护中，即使是最优秀的人也难免会得出错误的答案，没有人知道"后内战""后奴隶制"的美国是什么样的。林肯不想引起广泛的种族冲突，并寻找前进的道路，认为准许殖民可能是一个解决方案。虽然事后看来，这是一个判断错误、不切实际、令人尴尬的"家长式"解决方案，但以人们对他的了解能看出，他提出这一建议并不是出于恶意。

随着事态发展，林肯没能亲眼见到内战后的美国。格兰特在广阔的战线上采取的进攻战术，使北方得以深入南方的疆土。1864年9月，谢尔曼将军攻占亚特兰大，而后继续向海岸推进，把佐治亚州一分为二。第二年4月，经过9个月的战斗，格兰特的军队在彼得斯堡突破了李的抵抗。南方的首府里士满不久就沦陷了。1865年4月9日，李别无选择，只能投降。5天后的晚上，林肯参观了华盛顿的福特剧院。在那里，同情南方联盟的约翰·威尔克斯·布斯（John Wilkes Booth）用一颗子弹击中了林肯的头部。当年6月，南方联盟军队的最后一支部队投降，内战结束。尽管林肯觉得自己必须参与战斗，但他并没有等到见到和平的这一天。

我们坚持我们认为正义的事业，并不会因为可能会在斗争中失败而放弃。我不会因此放弃的。

——1839年，林肯在小组委员会上讲话

1914年6月28日

第一次世界大战爆发

20个决定性时刻引发第一次世界大战。

当加夫里洛·普林西普 (Gavrilo Princip) 向弗朗茨·斐迪南大公 (Archduke Franz Ferdinand) 开枪时,他不仅杀死了这位奥地利王位继承人,还在此后的4年中,将900多万人判了死刑。但暗杀只是导火索,而不是根本原因……

◆
决定性时刻
弗朗茨·斐迪南大公遇刺,
1914年6月28日

该事件是第一次世界大战的导火索,直接引发了持续4年的世界性冲突,数百万人因此死亡,同时也引发了重大的政治变革。

1864年2月1日

爱德华王子怀恨在心

普鲁士入侵丹麦后，英国的外交政策被重新定义。

普鲁士和奥地利占领了石勒苏威格（Schleswig）和荷尔斯泰因（Holstein）这两个种族混杂的地区，把丹麦从德国分离了出来。年轻的英国王子爱德华（后来的爱德华七世）为此感到震惊。他和丹麦的亚历山德拉刚刚新婚几个月。尽管维多利亚女王日益亲德，但这对夫妇还是公开表明支持丹麦。

这场冲突即第二次石勒苏威格战争。爱德华对此次冲突铭记在心，加上他与母亲关系冷淡，他的外交政策由此成形。他培养了一个坚定的亲法反德小集团。这个小集团在他1910年去世后仍在政府中长期存在。在爱德华七世的影响下，英国皇家海军进行了改革，以对抗日益壮大的德国海军。与此同时，英国摆脱了孤立状态，转而与法国和俄国签订条约，最终形成三国协约（Triple Entente），这将英国拖入了战争。

▲ 1896年爱德华七世和亚历山德拉王后

1867年2月8日

旧帝国崩溃

奥地利帝国被双重君主政体所取代。

▲ 普鲁士和奥地利骑兵在科尼格拉茨战役（Königgrätz）中对峙。普鲁士取得了决定性的胜利

一场争端使两个大国之间日益激烈的竞争在战争中浮出水面。一方是日耳曼各邦由来已久的幕后推手——奥地利。奥地利自1278年以来一直由哈布斯堡家族统治。另一方是由奥托·冯·俾斯麦（Otto von Bismarck）和威廉一世（King Wilhelm I）领导的日益强大的普鲁士王国。

由于奥地利帝国被严重削弱，匈牙利也即将脱离，最终形成了奥匈帝国复杂的双重君主政体。在这种政体下，两个国家分开统治，然后由一个错综复杂的联合部长体系统一管理。这种不利于奥地利内部稳定的解决办法，反过来又制造了一系列全新的压力点，包括匈牙利对非匈牙利臣民的压迫政策。这使他们很容易成为受塞尔维亚人和俄国人煽动的牺牲品。而事实证明，1914年在奥地利统治下的波斯尼亚深受此害。由于奥地利的传统属地——无数的日耳曼小公国都在普鲁士控制的北德意志联邦的旗帜下，奥匈帝国不得不放眼巴尔干半岛和日渐衰落的奥斯曼帝国，以寻找扩张的机会。

1870年7月19日
德意志牺牲法国，谋求统一

奥托·冯·俾斯麦认为："在德意志统一之前，必须先发动一场普法战争。"于是，俾斯麦煽动法国发动进攻。法国的战败使拿破仑三世的法兰西第二帝国被推翻，这位君主和他的军队一起被俘。普鲁士人占领了法国大片土地，直到法国支付战争赔款。

法国因此蒙受耻辱，且丢掉了价值连城、高度工业化的阿尔萨斯-洛林地区。在第一次世界大战前夕，这个地区仍然是法国文化的核心。法国的外交事务围绕着与德意志的新冲突做准备，公众舆论呼吁收复失去的省份。普法战争后，北德意志联邦被解散，取而代之的是统一的德意志帝国，由德皇威廉一世和俾斯麦领导，而法兰西第三共和国在巴黎成立。

▲ 普法战争中的法国士兵

1890年3月20日
俾斯麦被迫下台

德皇上台后，德意志帝国外交政策变得咄咄逼人。

▲ 奥托·冯·俾斯麦离任当年的画像

奥托·冯·俾斯麦在德意志帝国诞生过程中扮演了重要角色，在与法国重燃的战争中也留下了他骁勇善战的美名。这位"铁血宰相"是稳定中欧的一股力量。他阻止了德意志对殖民地的争夺，因为这将使德意志与其他强国展开直接竞争。他在1876年曾宣称，巴尔干半岛的战争连损失"一个博美拉尼亚火枪手"都不值得。他还于1887年与俄国签署了《再保险条约》，限制了两国之间的冲突。威廉二世继承了他的父亲腓特烈三世的王位。但他的政策与之前有着天壤之别，因此两人经常发生冲突。在这种环境下，俾斯麦最终于1890年被迫辞职。他的继任者里奥·冯·卡普里维（Leo von Caprivi）与威廉二世的看法更为一致，迫使《再保险条约》失效，这对德国有致命的作用——不仅将俄国推向法国，还转而支持永远不会开花结果的英德友谊。到1914年时，德意志已在欧洲陷入孤立境地。

1894年1月4日

法国和俄国联手

法国和俄国组成了一个现代军事联盟,成就了一番在当时很难想象的"佳话":民主共和的法国和古老专制的俄国竟能相处得其乐融融,但两国的公众都对此表示强烈的抗议。

法国感到被英国和德意志帝国包围了,这两个国家很是享受这种罕见的优越感,而俄国自己受到大英帝国在中亚和远东的威胁,以及德意志帝国在欧洲的盟友奥匈帝国的威胁。过去的条约是各国政府之间的协议,旨在防止互相干涉彼此的事务,而现在的条约则是军事条约,如果对方受到攻击,须保证自己一方会做出军事反应。

法俄同盟的关系没有任何模糊地带,这是第一个将欧洲军事强国像登山运动员一样绑在一起的组织,只等着一个倒下,其余的就跟着倒下。

▶ 为纪念法俄同盟,巴黎的尼古拉斯二世大街以其名命名

1895年12月29日

德意志帝国在非洲南部受到警告

▲ 1898年,德兰士瓦的总统保罗·克鲁格

英国和德意志帝国在南非附近的利益冲突不断,几十年来一直处于一触即发的状态。英国开普殖民地对独立的德兰士瓦共和国发起突袭,但失败了,这导致了布尔战争。虽然这场行动没有得到英国的批准,但得到了南非的坚定支持。

德皇威廉二世起草了一封致布尔总统保罗·克鲁格(Paul Kruger)的贺信,德意志帝国媒体对此大为称赞,但这在英国媒体中激起了怒火。德意志帝国派彬彬有礼的大使前往伦敦拜访,不料英国外交部牛气冲天的弗朗西斯·伯蒂爵士(Sir Francis Bertie)告诉对方,消灭德意志帝国海军"对英国舰队来说是小菜一碟"。这令德国大使感到非常震惊。

威廉二世非常清楚自己一方的弱点,也深知政治孤立及英国反应过度的现状,因此决心增强德意志帝国海军的力量,不再把英国当作潜在的盟友,而是当作潜在的威胁。

1898年7月10日
英国和法国相互打量

法国和英国都觊觎尼罗河的控制权，企图由此连接己方的非洲殖民地，因此对非洲的争夺之战一触即发。1882年，英国占领埃及，法国感到威胁，并迅速向法绍达（今南苏丹的科多克）派遣了一支小部队。两大帝国的势力在那里交汇。

法国军队一往无前地在非洲跋涉14个月后，于1898年7月10日占领了法绍达。法国军队遇到了英军增援部队的抵挡，还面临荷瑞修·赫伯特·基奇纳率领的英国炮舰的威胁，但最终到达了孤立的堡垒。双方有礼有节地坚持自己的权利，最终达成折中方案：同时升起英国、法国和埃及的国旗。与此同时，两国议会都在谈论战争。最后，法国认为能否取得胜利取决于海上力量，更轻更快的法国舰队无力与更强大的英国舰队抗衡，因此法国撤军，并就官方边界与英国达成一致。

▲1898年，法国上尉马尔尚在法绍达

法绍达事件后，英法关系趋于正常，加上两国势力范围已得到明确划分，因此在一定程度上缓解了两国之间持续不断的压力。两国摆脱了数百年来经常性的流血冲突，走上了结盟的新道路。

1903年6月11日
黑手党出击

塞尔维亚国王死于秘密组织之手，奥塞友谊由此终结。

在一桩震惊欧洲的丑闻中，塞尔维亚国王亚历山大·奥布里诺维奇（Alexander Obrenovic）和他的妻子被一伙军官谋杀。这些军官强行闯入宫殿，将这对皇室夫妇从藏身之处叫醒。

黑手党是一个激进的民族主义秘密社团，致力于从奥匈帝国及奥斯曼帝国手中收回塞尔维亚所有的土地（无论是波斯尼亚、马其顿还是克罗地亚）。黑手党在塞尔维亚强大的军事势力中已然根深蒂固。新政府拒绝了所有的外交压力，担心自己会成为下一个被残忍谋害的对象。其中一位至关重要的阴谋主使"神牛"德拉古廷·迪米特里耶维奇（Dragutin 'Apis' Dimitrijevic）后来成为黑手党的领袖和塞尔维亚军事情报的头目。这个双重身份使他得以在1911年策划了暗杀奥匈帝国皇帝弗朗兹·约瑟夫事件，但未能成功。3年后，他成功策划了刺杀斐迪南大公的行动。

▲ 意大利的一份报纸对塞尔维亚政变的描绘

1905年3月31日

德皇拜访丹吉尔

德意志试图在英国和法国之间挑拨离间，但以失败告终。

威廉二世热衷于试探法国和英国之间关系的缓和程度。1904年4月8日，他签署了文件，结束了在非洲和亚洲的殖民争夺，并抵达丹吉尔发表演讲以支持摩洛哥独立。这让法国大为懊恼，因为法国本打算接管摩洛哥，充当其保护国。

德皇想在接下来的会议中改变当下的局势，借用这个机会大度地授予法国有限的控制权，拉近自己与法国的距离，将英国孤立起来。但令他吃惊的是，英国外交大臣爱德华·格雷爵士以最严厉的辞令支持法国，而受到孤立的恰恰是德意志。丹吉尔危机是1911年的阿加迪尔危机的前奏，并将风险提升得更高——德意志帝国在海岸部署了武装直升机；法国和西班牙的军队部署在摩洛哥街头。三方的目的是相同的，所以结果也是相同的：法英更加相互依赖；法国也增加了对摩洛哥的控制；德意志帝国则陷入了更严峻的政治包围之中。

▲ 一幅19世纪的法国漫画，描绘了威廉二世与欧洲的紧张关系

1905年9月5日

日本挑衅俄国殖民势力范围

沙皇俄国对亚洲的殖民野心受到打击。1904年2月8日，日军对停泊在亚瑟港（今旅顺）的俄军舰队发动了夜袭。

这一打击不仅使沙皇政权在1905年的革命中濒临崩溃，而且迫使俄国向西方寻求扩大其影响力；增加俄国对斯拉夫民族和东正教的影响力；外交政策上也更加关注保加利亚和塞尔维亚。俄国还越来越希望控制土耳其海峡——得到海峡，俄国舰队就能从黑海进入地中海。

▲ 日军骑兵穿过鸭绿江，进入被俄国占领的中国东北地区

1908年10月6日
奥地利占领波斯尼亚

▲ 一幅法国漫画显示奥地利皇帝弗朗茨·约瑟夫将波斯尼亚扯下

自1878年以来,奥匈帝国军队就一直驻扎在奥斯曼帝国统治下的波斯尼亚-黑塞哥维那省。虽然无名,但其实已经掌控了该地区。在一系列的信件和6个小时的秘密会议中,俄国外交部长亚历山大·伊兹沃尔斯基(Alexander Izvolsky)和奥匈帝国外交部长阿洛伊斯·埃赫伦塔尔(Alois Aehrenthal)同意修改1878年的条约,允许奥匈帝国完全控制波斯尼亚。然而,在奥匈帝国宣布他们的意图时,伊兹沃尔斯基则表现得和欧洲其他政治运动者一样愤怒(但没有塞尔维亚那么愤怒)。当维也纳威胁要公布伊兹尔斯基表里不一的秘密记录时,俄国才做出让步,迫使塞尔维亚接受吞并。

这一事件促使塞尔维亚民族主义和公众愤怒的方向发生转变。而在这之前,公众的愤怒主要集中在马其顿和科索沃问题上。与此同时,意大利作为与奥匈帝国和德意志帝国三国同盟中的一部分,长期以来一直得到这样的许诺——如果奥地利占领了波斯尼亚,就让意大利占领克罗地亚海岸。意大利在1915年加入第一次世界大战时,曾因奥匈帝国背信弃义而站在了协约国的一边。

1911年9月29日
意大利大鱼吞小鱼

意大利入侵利比亚,引发第一次巴尔干战争。

尽管英国和法国将埃及和摩洛哥从奥斯曼帝国中分割出去,但意大利突然入侵该帝国的核心——利比亚的行动震惊了世界。意大利凭借先进技术和空中侦察战略,在对方采取游击战和反攻之前,迅速攻下重点城市。同时,意大利对希腊群岛最南端的多德卡尼斯群岛发起了海上袭击,并血染土耳其,迫使对方进入防御状态。

尽管此举在巴尔干半岛引发了连锁反应(在俄国驻贝尔格莱德大使的煽动下),导致了第一次巴尔干战争,但这也表明,意大利的外交关系正在从传统结盟的形式发生转变。德意志帝国和奥匈帝国都对保持奥斯曼帝国的完整贡献了力量,但它们没有征询三国同盟成员之一——意大利的意见,而是事先与法国和英国达成了和解。

▲ 1911年,利比亚黎波里附近的意大利炮兵

1912年1月21日
法国投票支持民族主义

1911年7月，阿加迪尔危机爆发后，在民族主义浪潮的推动下，法国强硬的反德总理雷蒙德·庞加莱（Raymond Poincare）上台，右翼势力占据了上风。次年，庞加莱在当选总统后，巩固了外交政策和对高级战争委员会的控制，并派遣资深政治家西奥多·德尔卡塞（Theophile Delcasse）出任驻俄大使，以更好地协调法俄两国的军事战略。德尔卡塞被威廉二世称为"对德意志帝国最具危险性的法国人"。

在庞加莱政府为战争做准备的同时，他还告诉俄国大使亚历山大·伊兹沃尔斯基，由第一次巴尔干战争引发的任何与奥匈帝国的冲突都将得到法国的支持。这使开战的可能性更高。

法国的主战分子对形势做出估计，如果巴尔干半岛发生战争，俄国的部队将倾巢而出，而奥匈帝国入侵塞尔维亚会使自身陷入困境，这样协约国就能随意对付德意志帝国了。

▲ 雷蒙德·庞加莱，1913年至1920年任法国总统；1912年至1929年连任三届总理

1912年2月12日
英德关于军备的谈判破裂

有关造船的谈判破裂

造船曾是英国民族自尊的支柱，也是德意志帝国希望与英国地位平等的关键因素。眼看两个大国都被这股造船热折腾得疲惫不堪，战争大臣理查德·霍尔丹（Richard Haldane）对柏林进行了秘密访问，试图阻止事态升级。

利用民族自尊心来平衡双方关系实在站不住脚。德意志帝国希望确保英国在未来的任何冲突中保持中立，而英国认为自己的海军优势并不是德意志帝国赠与的。

结果，霍尔丹空手而归，海军建设的热度有增无减。更重要的是，德意志帝国将英国进一步推入与俄国和法国的军事死结。

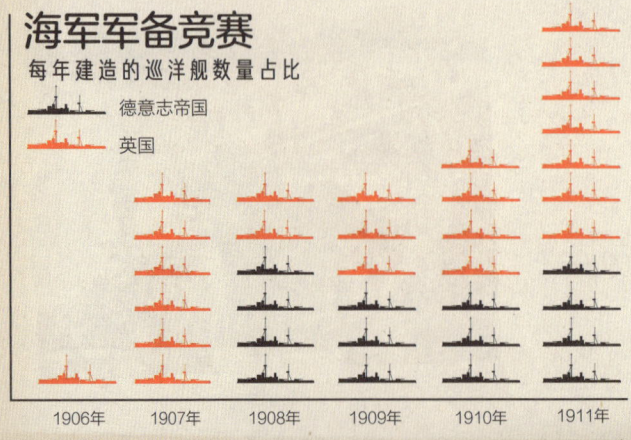

▲ 1905年，正在建造的英国皇家海军"无畏舰"

1912年9月30日

俄国展示军事实力

随着第一次巴尔干战争打响,俄国将枪口对准了奥地利。

巴尔干联盟——塞尔维亚、保加利亚、希腊和黑山加紧从奥斯曼土耳其人手中夺取领土,而意大利在此前一年入侵了被奥斯曼控制的利比亚。这时,这些国家的保护国俄国明确了自己的立场。

如果说奥匈帝国对边境的潜在动荡感到担忧,那么在波兰与奥匈帝国边境沿线迅速集结的人数达5万至6万的俄国后备军更让他们担忧。这是俄国对其竞争对手采取的第一次重大行动,打破了暗中破坏协议的传统,这预示了1914年将要发生的一系列事件,而塞尔维亚的顽强防守将大半个地球卷入了战事。

俄国外交部长谢尔盖·萨佐诺夫(Sergei Sazonov)表示,如果发生冲突,"我们可能会依赖法国和英国提供的切实的支持"。

▶ 1910年至1916年在任的俄国外交部长谢尔盖·萨佐诺夫

1913年10月17日

塞尔维亚入侵阿尔巴尼亚

第二次巴尔干战争使奥地利尝到暴力的甜头。

巴尔干联盟在第一次巴尔干战争中大获全胜,这让奥匈帝国惊恐不已。而此时,第二次巴尔干战争已经开始,各方都急于巩固其成果。塞尔维亚如今是奥匈帝国的头号心腹大患,主要因为塞尔维亚在马其顿取得了压倒性的胜利,然后进军阿尔巴尼亚和科索沃,占领了大片领土。有关大屠杀的报道接踵而至。甚至有传言说,奥匈帝国驻科索沃普利兹伦的领事遭到了绑架和阉割。

塞尔维亚一会儿称对占领一事完全不知情,一会儿又在撤军问题上信口雌黄。奥匈帝国逐渐认识到,与塞尔维亚多说无益,只能以武力相对。1913年10月17日,奥匈帝国给塞尔维亚8天的时间离开这片有争议的领土,否则只能报以军事行动。到10月26日,阿尔巴尼亚摆脱了塞尔维亚军队的控制,这表明阿尔巴尼亚的最后通牒奏效了,也显示了俄国给予的支持十分有限。同时,尝到甜头的维也纳在1914年故技重施,但结果却是截然不同的。

▲ 第二次巴尔干战争期间,在马尔塞多尼亚的塞尔维亚士兵

1913年12月14日
君士坦丁堡把目光投向德意志帝国

在巴尔干战争期间，控制土耳其海峡可能已不是俄国的首要目标，但他们并没有忘记自己的长期目标。奥斯曼帝国在巴尔干惨败后，1913年12月14日，奥托·利曼·冯·桑德斯率领的德国军事特派团抵达土耳其，训练和指挥奥斯曼陆军第一军团，而这比一名英国海军上将指挥奥斯曼海军让他们更担忧。

尽管德意志帝国做了巨大让步，以免外交危机被进一步激化（但引起了德国人不满），但是就连强烈反德的德尔卡斯没有支持俄国。这有力地提醒俄国，尽管有三国协约，但其盟友的优先事项却大不相同。

俄国意识到，他们的敌人不仅是奥匈帝国，并第一次将德意志帝国视为妨碍自己目标的眼中钉。他们意识到，控制土耳其海峡的唯一途径便是在更大范围的欧洲战争中攫取机会，将法国，尤其是英国作为俄国的盟友拉入战争。

▲ 1914年，利曼·冯·桑德斯与奥斯曼帝国军官的合影

1914年6月21日
塞尔维亚发布含糊其辞的警告

塞尔维亚总理没有直接对针对弗朗茨·斐迪南的阴谋发出警告。

1914年6月，塞尔维亚总理尼古拉·帕希奇向塞尔维亚驻维也纳公使馆发了一封电报，内容是警惕将有针对弗朗兹·斐迪南的阴谋。1914年6月21日，贝尔格莱德驻维也纳的约万·约瓦诺维奇（Jovan Jovanovic）会见了奥匈帝国财政部长，以非常含糊的措辞警告称，大公的访问可能以悲剧告终。帕希奇没有直接与奥匈帝国外交部长就这个威胁进行沟通，而是选择告诉极端民族主义者约瓦诺维奇。曾有传言说，约瓦诺维奇在波斯尼亚被吞并后曾指挥过游击队。帕希奇认为告诉他之后，他可以进一步告诉决策人，而告诉的语气越让对方不信服越好。这表明帕希奇只是想让人知道他曾发出警告，至于对方听没听进去，他就不在乎了。

▲ 1919年的塞尔维亚总理尼古拉·帕希奇

1914年6月28日

斐迪南遭暗杀

1914年6月28日，奥匈帝国弗朗茨·约瑟夫皇帝的侄子和继承人——弗朗茨·斐迪南大公及其妻子索菲公爵夫人在波斯尼亚首都萨拉热窝视察部队时被枪杀。扣动扳机的人是激进的波斯尼亚塞族学生加夫里洛·普林西普。他是秘密军事组织黑手党的成员，而该组织由塞尔维亚军队的阴谋者提供装备和支持。

尽管哈布斯堡王朝对大公之死感到悲痛，但这一事件却提供了所有必要的借口，以遏制好战的塞尔维亚。除了这个借口之外，弗朗茨·斐迪南还是奥匈帝国军事智囊团的领袖，该智囊团主张按照联邦的路线重组帝国。

一个更具代表性的奥匈帝国本可以压制塞尔维亚从斯拉夫社会中独立出来的要求——其中许多人仍相对忠于弗朗茨·约瑟夫，只是对国家持批评态度——从而削弱了塞尔维亚在克罗地亚和波斯尼亚的影响力。它还对俄国自称的"保护"斯拉夫民族和东正教的使命起到了破坏作用。但这是不可能的。

▲ 枪击事件发生后不久，加夫里洛·普林西普被奥匈帝国的警方逮捕

1914年7月23日

奥匈帝国宣战

政治联盟引发连锁反应的战争。

由于担心公众舆论不支持战争，奥匈帝国准备了一份塞尔维亚几乎不可能接受的最后通牒。威廉二世在柏林表示支持奥匈帝国，并建议德意志帝国驻维也纳大使"必须尽快结束与塞尔维亚人的谈判，把握现在"。事实上，条件对塞尔维亚来说太过屈辱，他们无法同意。1914年7月28日，奥匈帝国向塞尔维亚宣战。俄国、德意志帝国、法国、英国及其所有海外领地像多米诺骨牌一样接连陷入战争。随着第一次世界大战进程的持续，意大利、奥斯曼帝国、日本，最后是美国，也相继被卷入战争。

▲ 第一次世界大战期间，德军在埃斯纳河旁修筑战壕

决定性时刻

1917年十月革命，
1917年10月23日

因累积多年的政治因素和社会因素，第一次世界大战期间，列宁领导的布尔什维克占领了圣彼得堡。

十月革命

1917年10月，列宁随革命浪潮进入圣彼得堡。

枪声隆隆，数千人在街上高呼反抗。1917年10月23日，弗拉基米尔·列宁的大批拥趸包围了圣彼得堡的冬宫。冬宫是一个无能政府的所在地，这场事件也是社会主义革命的顶峰。此前，列宁历经了许多流放的岁月，如今终于返回俄国解放他的人民。如果说庆祝活动是短暂的，那么用社会主义制度取代独裁统治的社会转型是一项非凡的成就。

19世纪末，俄国有大约100万贵族统治着9700万农民。1897年俄国的人口普查显示，当

▲ 1917年10月的赤卫军

革命之路

1896年5月
尼古拉二世加冕为沙皇,这表明他将继续亚历山大三世的独裁统治。

1903年7月
俄国社会民主党分裂成两个派别:布尔什维克和孟什维克。

1905年1月
沙皇军队在圣彼得堡向示威者开火,引发了大范围的罢工。6月,"波将金号"战舰上发生了兵变。

1905年10月
尼古拉二世承诺增加无产阶级的公民自由,从而结束了这场动乱。俄帝时代的国会杜马形成。

1914年7月
战争爆发后,尼古拉二世接管了俄国军队。他的家庭受到拉斯普京的破坏性影响。

1917年2月
圣彼得堡的抗议演变成骚乱。这座城市落入叛乱分子之手,杜马也陷入混乱,体系崩溃。

1917年3-4月
尼古拉二世退位,临时政府成立。列宁返回,并在圣彼得堡建立了基地。

1917年7月
亚历山大·克伦斯基(Alexander Kerensky)成为临时政府总理,但由于没有得到法律认可,在很大程度上没有实权。

1917年10月
布尔什维克占领了圣彼得堡,攻占了冬宫。

时几乎没有中产阶级。产业以农业为主,农民在属于少数富人的土地上劳作。1861年的一项法案将部分土地移交给农民集体所有,但政府向土地所有者提供了补偿,农民公社有责任偿还政府的债务。1905年,这些补贴被废除。但在此之前,农民对公社的感激之情不亚于对地主的感激之情。人口数量还在稳步增长,这意味着土地不足,导致了动乱。在俄国,工业革命时期的石油和铁路工业的繁荣比在欧洲其他地区发生得更慢、更晚,但当这种繁荣到来时,逐渐形成了一个不断壮大的中产阶级,这个阶级比以往任何时候都更倾向于西方资本主义的商业利益。工人们迁移到工业区,尽管官方名义上进行了一些监测,但工人们仍不得不居住在拥挤的贫民窟中,环境之恶劣令人震惊。

此时的俄国仍由沙皇统治,而沙皇的统治则靠军队、警察、东正教、拥有土地的贵族和官僚机构支撑。亚历山大二世(1855—1881)进行了一些改革,如在地方政府中设置代表农民和工人的选举大会。然而,亚历山大三世(1881—1894)开始反转这些变化,俄国最后一位沙皇尼古拉斯二世(Nicholas II)坚持这一强硬路线,令许多人失望。他认为任何社会改革都是"毫无意义的梦想",并让人们知道,他坚定地致力于实行专制统治。

早在19世纪60年代,各种革命思想的种子就已播下。

事实证明,1905年革命是自然而然爆发的,没有任何一方负有直接责任。1月9日,一些工会工人在圣彼得堡的冬宫外示威,遭到军队射击,100多人死亡。随后,发生了大罢工;几名官员被暗杀,包括沙皇尼古拉二世的叔叔、莫斯科总督谢尔盖大公;各省爆发了农民起义;战列舰"波将金号"的船员叛变。沙皇尼古拉二世被说服做出让步,成立了全国议会。它被分为两个

▲ 1917年，列宁在陶里德宫发表演讲

议院，即国务委员会（上院）和杜马（下院），这给了无产阶级代表选举的机会。但尼古拉二世并没有真正赋予杜马任何权力：杜马的角色是纯粹的顾问。这一点颇具争议。

一些改革已经实现。卫生和教育体系得到了落实，法律也得到了修改，因此，如果农民愿意，他们可以成为土地所有者——到1915年，他们中的一半人已成为了土地所有者。布尔什维克和孟什维克之间的斗争在这段时间继续进行。前者认为，他们应该摒弃这种地下活动的现状，与合法的工会建立更公开的关系；而后者则认为，资产阶级由于最近的事件而被削弱，仍然推动无产阶级对社会的全面改革。

接着，1914年爆发了战争。俄国通货膨胀，征收严重的赋税，农民仅能维持生计。孟什维克在很大程度上支持俄国抵御德国。以直言不讳的列宁为代表的更为激进的布尔什维克，主张将当前形势转变为俄国无产阶级反对政府的内战。如果内战取得成功，将演变成一场席卷欧洲的革命战争。

同样，1917年的革命开始时，各政治派别争相取得所有权，而不是在前线进行领导。原本普通的动荡突然导致了大型的动乱。2月23日，数千名工厂女工走上圣彼得堡街头，名义上是为了庆祝妇女节，后来变成了要求面包，人们还集体唱起法国革命歌曲《马赛曲》。3天后，

杜马成立于1905年,是为了代表劳动人民的声音。
列宁发动革命时,它的席位如下:

国会杜马

劳动团体——10个席位

劳工团体是从社会主义革命者中分离出来的,因为社会主义革命者拒绝参加杜马。这是一个温和的社会党("Trudovik"意为劳动),由小型工人集体组建而成。

十月党——95个席位

10月17日的联盟是一个非革命性的保守自由党,寻求政府和公共力量之间的妥协与合作。他们致力于改革,以加强现有秩序,而不是推翻现有秩序。

布尔什维克——15个席位

列宁所属的俄国社会民主党一派致力于推翻沙皇独裁统治,并将权力重新分配给无产阶级。与孟什维克不同的是,布尔什维克仍然认为少数精英是必要的。

宪政民主党——57个席位

宪政民主党的非正式称呼为"立宪民主党",是得到专业人士和学术界支持的自由主义者。他们致力于通过像实行八小时工作制这样的政策来赋予工人更多权利。

进步主义者——41个席位

进步党由温和派的自由主义者组成。他们认为现在是资产阶级而不是无产阶级控制俄国的时候。该党的两名杰出成员是临时政府的成员。

其他(非俄国民族团体、中间派、民族主义者、右派)——230个席位

兹纳曼斯基广场发生暴乱，遭到兹纳曼斯基团的炮火袭击，导致其他几个团的士兵叛变以示抗议。次日，圣彼得堡落入叛乱分子手中。当局在混乱中撤退到冬宫，而杜马也是一片混乱。

长期以来人民对沙皇尼古拉二世非常不满。他的家族受到臭名昭著的神父拉普斯京的邪恶影响，就算尼古拉二世在第一次世界大战期间对外作战也于事无补。尼古拉二世突然退位，结束了罗曼诺夫王朝。俄罗斯举国欢腾。在随后的内战中，没有任何党派或派别提出复兴君主制。社会民主党人列夫·托洛茨基写道："这个国家彻底结束了君主制，它再也无法随意宰割它的人民。"

> 政府许诺选举权，但迟迟没有兑现。在选举之前，布尔什维克夺取了政权。

这种欢腾的局面时间并不长。临时政府成立了，虽然"临时"的本意是明确其临时的性质，但它却难以维持秩序：没有经过选举，因此人民反对它行使任何权力。在第一次世界大战期间临时政府仍继续搞斗争。这显然在俄国国内很不受欢迎。临时政府承诺9月举行选举，后推迟到11月。但在这之前，布尔什维克夺取了政权。

列宁忠于祖国，也对参与政治斗争抱有热情，但在此前20年的大部分时间里，他都远离俄国。1897年，他被流放到西伯利亚3年。之后他先后在德国、英国、法国、瑞典、瑞士和芬兰等国家停留，但一直密切关注俄国国内事务，

▲ 1917年，设在彼得格勒的临时政府

·105·

关键人物

布尔什维克

弗拉基米尔·列宁
布尔什维克的领袖

这位革命思想家和政治家带领俄国走向共产主义革命,从1917年开始担任俄国总理,直到1924年因中风去世,享年53岁。他的遗体停放了4天,近100万哀悼者前来瞻仰。

利昂·托洛茨基
革命主席

托洛茨基最初是孟什维克的成员,为参加1917年革命而加入布尔什维克,并在革命中发挥了重要作用。他后来被开除,并因反对斯大林而被流放。他于1940年被暗杀。

约瑟夫·斯大林
中央委员

斯大林在列宁去世后才成为领袖。他的统治使俄国成为工业强国。

临时政府

王子格奥尔基·里沃夫
总统部长/内政部长

尼古拉二世退位后,里沃夫成为俄国首位后帝国时代的总理,也是临时政府的首位首脑。他是杜马的元老,但仍未能获得太多支持,最终在4个月后辞职。

亚历山大·克伦斯基
司法部长/战争和海军部长/总统部长

1917年7月,特鲁多维克·克伦斯基接管了临时政府。由于不受军方欢迎,他在革命中被废黜。他一直流亡,直到1970年去世。

维克多·切尔诺夫
农业部长

作为俄国社会主义革命者的创始人之一,切尔诺夫是一位令人敬畏的政治分析家,有人称他为该党的"智囊"。在布尔什维克夺取政权后,他像克伦斯基一样逃往欧洲。

▲ 1917年，于彼得格勒召开的苏维埃会议

苏联的律例

1917年革命后的7年里，新政府颁布了几十项立法法案，它们被称为法令。

和平法令

该文件提议，俄国立即从第一次世界大战中撤军：这是自革命前以来布尔什维克的一项重要政策。

陆地法令

布尔什维克再次制定了一项核心法令：废除私有财产，重新分配土地给农民。

社会主义家园危在旦夕！

在面对德国进攻时，号召农民动员起来保卫俄国。口号是"保护好每一个位置，直到流尽最后一滴血！"

根据国际时区系统引入时间测量的法令

1919年，俄国从公历的"旧历"改为世界上大部分地区的"新历"儒略历。两套计时方法有些不同，因此十月革命实际上发生在11月。

▲ 1917年，退位后不久的尼古拉二世

并与欧洲各地的革命同志保持联系。1917年2月的动乱使他不顾一切地想从瑞士返回俄国，但第一次世界大战的战事让他的归途充满荆棘。他和同伴讨论了各种冒险路线，最终的解决办法是用俄国流亡者交换奥匈帝国战俘。俄国临时政府在这个问题上拖拖拉拉，根本不确定是否让列宁回来，所以列宁自己与德国达成了协议。1917年4月，列宁在圣彼得堡的芬兰车站参加了一个胜利招待会。

对列宁来说，时机紧迫。在接下来的6个月里，他主张立即采取激进的行动，将这种思想灌输给布尔什维克中央委员会的同僚，并于10月10日做出了夺取政权的决定，以列宁和前孟什维克的托洛茨基（当时为布尔什维克彼得格勒苏维埃委员会的主席）结成的联盟为先锋。10月23日晚，温和派社会主义者亚历山大·克伦斯基领导的临时政府下令关闭布尔什维克印刷厂，作为攻击彼得格勒军事革命委员会的前奏，这成了攻击政权的导火索。布尔什维克武装的无产阶级工人冲进了桥梁、火车站、电话交换机、邮局、国家银行和金牛座宫殿等战略要地。克伦斯基由于未能及时召集反政府军而逃走了。到了次日早上，唯一没有落入革命党人手中的地方是冬宫——临时政府的总部。

"猛攻冬宫"已成为历史上一个著名的戏剧性时刻，但它实际上比谢尔盖·爱森斯坦（Sergei Eisenstein）的经典电影《十月》所描绘的激烈得多。革命军队原本计划从附近的彼得和保罗堡垒（Peter and Paul Fortress）用重炮开始进攻，但结果发现，那里的武器由于废弃已经生锈，无法使用。士兵们从堡垒的其他地方找到了替代的大炮，但随后意识到他们没有合适的炮弹。大家约定，如果旗杆上挂上一盏红灯笼，则开始进攻。但在战斗中，大家到处都看不到红灯笼，派去寻找红灯笼的士兵在黑暗中迷了路，掉进了沼泽地。他最终带回来的那盏灯挂不到旗杆上，而且也不是红色的。没有一个参与袭击的人看到那盏灯笼。攻克冬宫延长了15个小时。

对布尔什维克军队来说，幸运的是，冬宫内部的防御实际上是不存在的。里面的部长们对军事事务缺乏经验，而保卫他们的少数部队在等待布尔什维克破门。可等的时间越长，他们就越紧张。冬宫内的弹药和食物供应极度匮乏，连一个晚上也无法支撑。当布尔什维克从停泊在布尔什维克涅瓦河上的巡洋舰"极光号"上向这座宫殿开炮时，士兵们大多惊慌失措，纷纷逃离。数月来，列宁首次公开宣布临时政府已被推翻，"着手建设无产阶级社会主义国家"的时刻终于到来。孟什维克和社会革命者退出会谈，列宁和他的同志们基本上没有受到反对，布尔什维克的地位进一步加强。

▲ 1918年，列宁在阅读《真理》报

十月革命

1917年10月24日，赤卫军冲上彼得格勒的街道，占领了几个战略要地。

▶ 谢尔盖·爱森斯坦的《十月》重现了"猛攻冬宫"

桥梁
圣彼得堡是一座沿河城市，市内的桥梁对赤卫军来说是重要的战略要地，因其限制了进出。

冬宫
冬宫是最后一个在十月革命中被攻占的地方。"猛攻冬宫"成为布尔什维克胜利的永恒象征。

"极光号"
停泊在圣彼得堡布尔沙亚涅瓦河上的"极光号"巡洋舰，是革命部队向冬宫发射空炮的船只，以恐吓里面的人。

中央电报
和邮局一样，电报的控制对布尔什维克和赤卫军具有重要的作用，其切断了反对派任何寻求帮助或增援的途径。

邮政总局
邮局是控制通讯的关键地点，是10月23日晚上被赤卫军占领的几个类似地点之一。

马林斯基宫
这座宫殿是尼古拉二世的帝国俄国国务院、国家总理府和前苏联部长们的住所。1917年3月移交给临时政府；10月后又移交给革命政府各部委。

邮局是十月革命期间布尔什维克的主要目标

维堡

塔夫利达宫
这里是彼得格勒苏维埃政府的所在地（圣彼得堡市议会，1924年以前叫彼得格勒）。苏维埃政府是在二月革命后作为临时政府的对手建立的。它的一些成员，包括托洛茨基，在十月革命中发挥了重要作用。

阿斯托里亚酒店
沙皇和布尔什维克在阿斯托里亚酒店外短兵相接。1919年，几位革命领袖在此定居。列宁在这里的阳台上发表了著名的演说。

斯莫尔尼宫
1917年10月，这里作为列宁在圣彼得堡的基地，是他和他的政府工作的地方。列宁和他的妻子住在这里，直到1918年权力中心搬到首都莫斯科。

◀ 列宁在斯莫尔尼研究所策划了十月革命

铁路/火车站
这是赤卫军的另一个战略目标，把铁路运输和车站置于革命的控制之下。1918年，芬兰军队炸毁了圣彼得堡至希托拉线的部分铁路，阻止物资到达对手手中。

女性权利之战

争取女性权利的斗争是如何从和平示威演变成为争取女性参政论者发言权而日益暴力的行动的?

◆ 决定性时刻

美国女性于 1920 年 8 月 18 日获得选举权;英国女性于 1928 年 7 月 2 日获得选举权

女性权利运动是争取平等权利的长期斗争。最终,女性获得了选举权。

1913年6月4日,国王乔治五世的马在埃普索姆赛马场的塔腾汉姆角(Tattenham Corner)的短跑比赛中排名倒数第三。当它转过拐角时,突然,一个女人从观众的屏障下探出身子,冲到跑道中间,直接冲进了马道。她叫埃米莉·威尔丁·戴维森(Emily Wilding Davison),而她的死成为日益暴力的女权运动中一起暴力行动的导火索。

由女性参政论者制造的活动会产生与其希望的完全相反的观点,但同样极端化和情绪化。报纸对她恶语中伤,恐吓信寄到医院,而当时她正昏迷,4天后去世。与此同时,为避免被捕而住在巴黎的克里斯塔贝尔·潘克赫斯特(Christabel Pankhurst)称赞戴维森是"一名在自由战争中牺牲的士兵"。她的盟友为她准备了一支盛大的送葬队伍,其中使用的语句颇具宗教色彩,之前戴维森也经常用这种语句来描述自己的努力。这不是一场普通的斗争,这是一场战争,一场"十字军东征"。

在戴维森成为女权运动的殉道者之前,争取女性投票权的斗争已持续了几十年。1832年,这一问题首次在议会中被提出,但遭到了人们普遍的鄙视,可在20世纪初则势头渐猛。全英各地涌现出许多组织,但反对的声音也随之而来。

许多女性认为这些女性参政论者要么做得太过火，要么就是被误导了。其中一位女士把白金汉宫称作自己的家。1870年，维多利亚女王写道："女王对这种邪恶、疯狂、愚蠢的'女权'行为极其愤怒，急于让能演讲或者能用笔讨伐的人士参与阻止这些疯狂的行为，以及随之而来的恐怖行为。她们的女性特质已经扭曲，将女人的所有礼节都抛之脑后——上帝在造男人和女人的时候本有所区别，并让他们各司其职——如果女性不安守本分，便会成为最可恨、最无情、最恶心的人。"

尽管女王对此忧虑不已，但还是于1897年成立了全国女性参政协会（NUWSS），由令人敬畏的米莉森特·加勒特·福塞特（Millicent Garrett Fawcett）领导。福塞特致力于和平抗议，以会长的身份不知疲倦地工作了几十年。19世纪60年代末，她开始就女性选举权问题发表演讲，并逐渐成为这个领域的权威。然而，到19世纪80年代末，福塞特和领导激进派前线的女人之间出现了明显的分

▲ 埃米琳·潘克赫斯特是女权运动颇有激情的领袖

▲ 英国女性参政论者的示威游行经常吸引大批观众

▲ 克里斯塔贝尔·潘克赫斯特和安妮·肯尼拿着她们著名的竞选海报

女性社会和政治联盟是什么？

1903年10月10日，女性社会和政治联盟在潘克赫斯特的家中成立。

- 该组织成立的目的是为女性争取选票。
- 她们的座右铭是"要看行动，不听空话"。
- 她们最初试图在政治体系内工作。
- 从1905年开始，她们开始用公开展示的方式震惊世人。
- 她们唯一担心的是选举权，而不是更广泛的权利运动，这导致该组织内部出现分裂。

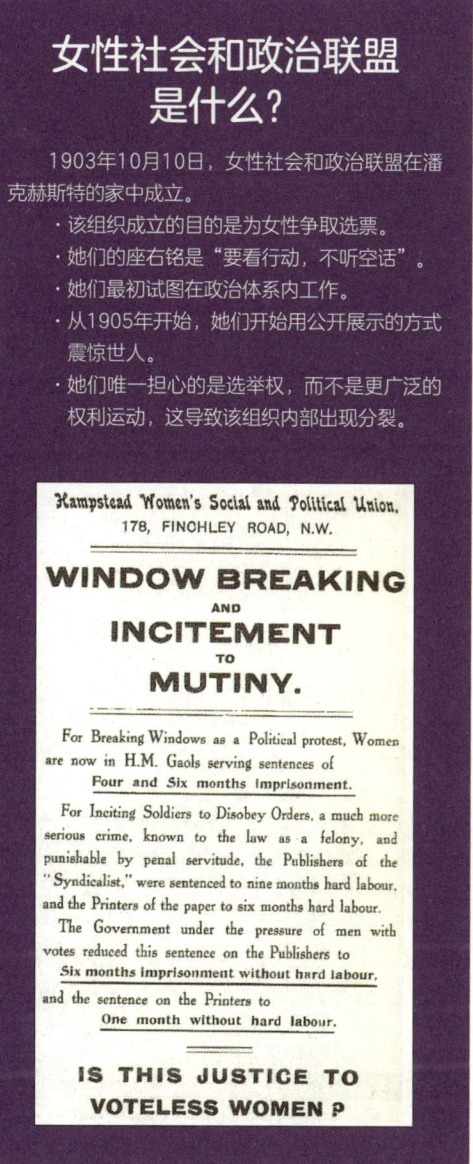

歧，这些人和埃米琳·潘克赫斯特（Emmeline Pankhurst）一样有名。

埃米琳·潘克赫斯特和她的女儿克里斯塔贝尔（Christabel）、西尔维娅（Sylvia）和阿德拉（Adela）一起，是激进的女性参政论者的核心人士，有时与更平和的女性参政论者合作，但更多时候她们对平和的参政论者持强烈的反对态度。她从19世纪80年代开始积极参与女性参政运动，并在此过程中一直坚持不懈。她很快便不再满足于在家中举办集会，因此于1889年创立了女性特许经营联盟（Women's Franchise League）。她和丈夫理查德参加了独立工党的竞选活动。1898年，在理查德因胃溃疡去世后，埃米琳全身心地投入了这项事业。

埃米琳更关心的是用任何必要的手段吸引英国人民的注意力，而不是人的理智与情感。起初，她想与独立工党合作，但很明显，该党不愿意冒险。然而，这次挫折使她比以往任何时候都更加坚定。1903年10月10日，她创建了女性社会和政治联盟（WSPU）。她们的座右铭是"要看行动，不听空话"。时间会证明她们多么遵守这句格言。

女性参政论者领袖

埃米琳·潘克赫斯特
1858年7月15日—1928年6月14日

年轻时,埃米琳曾尝试开一家自己的精品店,后来她和丈夫理查德加入了工党。女性投票权一直没什么进展,她对此感到很沮丧,并致力于这项事业。1903年,在女儿们的支持下,她创建了女性社会和政治联盟,并将该组织引向日益激进的战略。她毫不犹豫地与任何反对她的人保持距离,包括自己的女儿。她的健康状况不佳,但她工作十分卖力,并多次入狱。第一次世界大战爆发后,她把注意力转向了战争。"一战"结束后,她去了加拿大,但经济状况十分拮据。后来她回到英国,因长年积劳成疾而病逝。

克里斯塔贝尔·潘克赫斯特
1880年9月22日—1958年2月13日

克里斯塔贝尔在曼彻斯特学习法律,她的专业知识发挥了巨大的作用,她向出庭的劳埃德·乔治(Lloyd George)和赫伯特·格莱斯顿发出传票。克里斯塔贝尔的姐妹持有的观点具有社会主义的特点,而她对女性参政的看法则与她们不同。最终,她和母亲与她们断绝了关系。1912年,克里斯塔贝尔乔装打扮,逃到巴黎以躲避逮捕,但她继续担任女性社会和政治联盟的负责人,并于1914年回到英国,加入母亲的战斗。后来,她到美国定居,成为一名传教士,并在20世纪30年代短暂回英。

埃米莉·威尔丁·戴维森
1872年10月11日—1913年6月8日

她是家里9个孩子中最小的一个,从牛津大学以一等学位的身份毕业。不过,她对自己的教师生涯并不满意。在成为女性社会和政治联盟的一员后,她才觉得找到了自己的使命。从1908年起,她投身于日益激进的女权活动,并于1909年首次入狱。不管该组织安排多么危险的活动,她都是参加的人选之一,但她也被视为难以预料和把控的分子。她的决心十分坚定,曾领导几起广为人知的暴力活动。到1913年,由于经常参加绝食抗议,并被强制喂食,她的健康开始出现问题,她的家人开始为她担心。我们并不知道埃米莉是否知道埃普索姆的计划会要了她的命,但她决心在史上留名。

米利森特·加勒特·福塞特
1847年6月11日—1929年8月5日

福塞特赞成和平抗议。她在家里为女性举办讲座,并在公共场合演讲。不过,每次演讲前她都会很紧张,甚至总是先病一场。与埃米琳·潘克赫斯特不同,她的竞选活动并不局限于选举权,她还积极参与其他几项人权事业。作为全国女性参政协会的主席,她最初对好战的女性社会和政治联盟表示同情。只有当她们变得极端暴力时,她才会在私人场合里表示这些人所做的事情已经弊大于利。"一战"爆发后,她拒绝支持和平主义团体,但继续与女性参政主义者合作。

绝食

1909年,玛丽安·华莱士·邓洛普(Marion Wallace Dunlop)因为没有被当作政治犯对待而拒绝进食,开始绝食抗议。91个小时后,她被释放,但强制喂食的做法很快就开始了。第一个案例发生在1909年9月,并很快普及开来。女性参政论者抗议这种野蛮的待遇和逮捕,但强行喂食仍在继续。所使用设备的卫生条件很差,而且富有的女性参政权论者和贫困的女性参政权论者所受的待遇差距很大,这引起了很大的争议。政府在1913年发布了一项"猫捉老鼠"的法律,他们会释放那些由于绝食而使健康状况危急的囚犯。但是一旦评估其健康状况恢复稳定之后,她们就得回来继续服刑。这种做法一直持续到第一次世界大战爆发。

▶ 这张图片生动展现了是如何对女性参政论者强行喂食的

激进的第一步

1904年2月2日,克里斯塔贝尔·潘克赫斯特进入曼彻斯特的自由贸易大厅,自由国会议员温斯顿·丘吉尔将在这里发表演讲。她提出修改女性选举权,但被驳回了。潘克赫斯特认为这是"激进的第一步,也是对我来说最难的一步,因为这是第一步"。丘吉尔一直是女性参政论者的目标,她们甚至写了一份宣言反对他。那个带领欧洲在"二战"中取得胜利的人是她们的眼中钉。

克里斯塔贝尔像她的母亲一样,是女性参政运动中重要而激进的一员。1905年,她迈出了激进的第一步,参加了另一场自由贸易大厅会议。这次是和她的忠实伙伴、腼腆得令人迷惑的女权主义者安妮·肯尼(Annie Kenney)一起。克里斯塔贝尔和肯尼被愤怒的人群赶出会场,并因袭击警察而被捕。她们承认了指控,解释了原因,但是拒绝支付罚款。因此,她们被送进了监狱。除了监禁之外,她们拒绝接受任何其他条件,这成为女性参政论者案件的一个特点。她们要求与政治犯享有同样的权利,特别是甲级牢房,但遭到拒绝。

女性社会和政治联盟在伦敦组织了全国性的活动,目的是制造一个非常公开的场合。1906年,10名女性在试图进入议会大厦后被捕。女性社会和政治联盟成员从监狱获释后,米莉森特·加勒特·福塞特在萨沃伊酒店为她们举行了宴会。在这个时候,女性社会和政治联盟与全国女性参政协会花了很大的力气,努力向众人展示很多人都在这个问题上充满热情。

如果签字的请愿书收效甚微,她们便会组织游行,如1907年2月的全国女性参政协会组织的"泥浆游行"。3000多名女性从海德公园步

激进的活动

打碎玻璃

1909年7月，女性参政论者向唐宁街10号的窗户扔石头，以表达她们对下议院骚乱后逮捕活动人员的愤怒。10月，发生了第一次强制喂食事件。于是，有组织的砸窗袭击开始了。这些吸人眼球的举动实现了激进分子早期的目标——引起人们对她们事业的关注，以及迅速被逮捕。她们也受到了思想更为平和的活动人士的反对。他们认为这是破坏公共财物的举动，弊大于利。

纵火

1911年12月，埃米莉·威尔丁·戴维森在未经潘克赫斯特批准的情况下，点燃了一个邮筒，自此纵火便成为激进抗议活动中最引人注目的方式之一。1913年，戴维森死后，全英各地都发生了纵火事件。像莉莲·兰顿（Lillian Lenton）这样的女性参政论者，会把目标对准空无一人的建筑物和仓库。她们坚信没有生命会因此受到威胁，但对政府来说，他们必须要杜绝这种情况发生。

扔斧头

1912年7月，英国首相赫伯特·阿斯奎斯（Herbert Asquith）访问都柏林。玛丽·利（Mary Leigh，曾向唐宁街10号扔石头）、格拉迪斯·埃文斯、珍妮·贝恩斯和梅布尔·卡珀，因向阿斯奎斯的马车扔斧头，并试图在他原定演讲的皇家剧院纵火而被判犯有"严重暴行"。埃文斯和利被判处劳役。这引起了女性社会和政治联盟的强烈愤怒，而被定罪的一方表现出挑衅的姿态。

轰炸劳埃德·乔治（Lloyd George）的房子

1912年2月18日，女性参政论者纵火运动蔓延到了大卫·劳埃德·乔治的居所。空房子里有两枚定时炸弹，其中一枚在工人们早上到达之前爆炸；第二枚没有爆炸。埃米琳·潘克赫斯特对这一行为负责。她说："我们炸毁财政大臣的房子，是为了唤醒他。"警方无法证明是谁埋下炸弹，但潘克赫斯特在表示对此事负责后被送进了监狱。

行到埃克塞特大厅。政府的做法是尽快让这些女性离开街道，离开人们的视线，通常还会使用武力。政府在回应和平示威时使用了野蛮的手段，这激起了愤怒之火。

福塞特对她们的热情表示钦佩，但埃米琳和克里斯塔贝尔对自己的决定矢志不移，这意味着女性社会和政治联盟与全国女性参政协会渐行渐远。1907年，福塞特和克里斯塔贝尔宣布她们将各自成为女性社会和政治联盟的唯一领导人，该党由此分裂。这些离开的成员成立了女性自由联盟。自此，女性权利事业有了另一个官方组

我们炸毁财政大臣的房子，是为了唤醒他。

▶ 玛丽·利是最执着的激进女权主义者之一

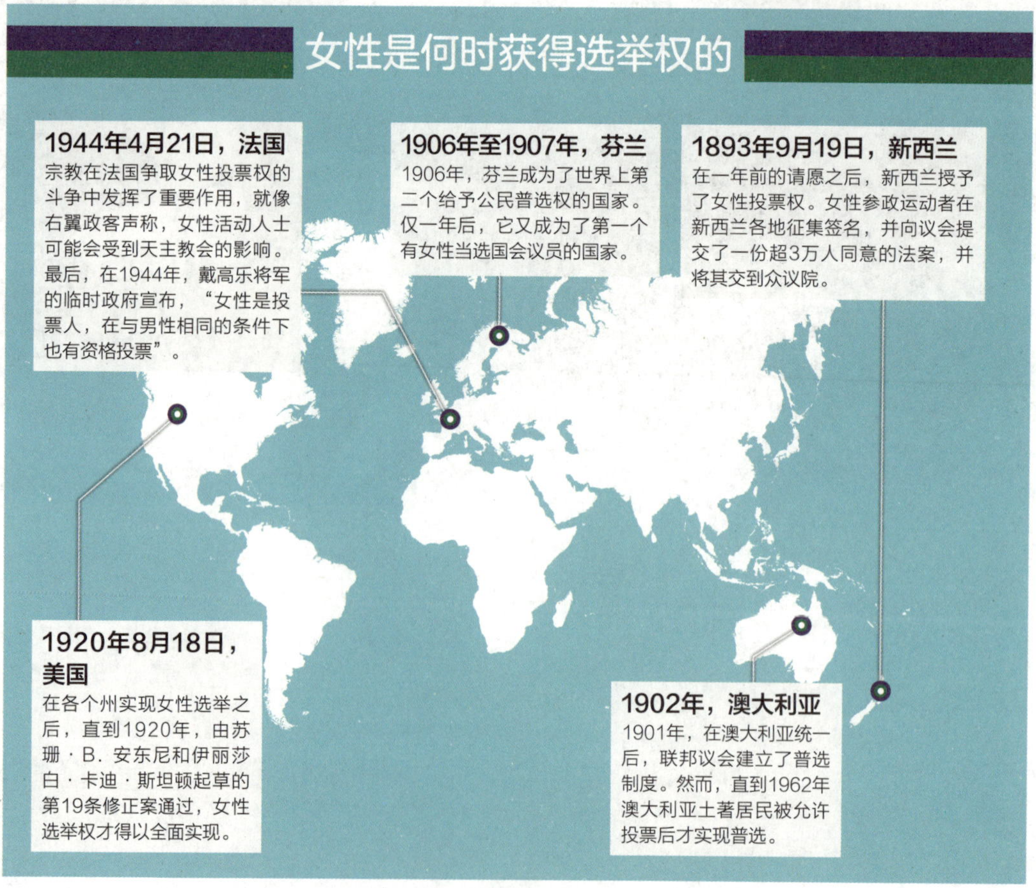

女性是何时获得选举权的

1944年4月21日，法国
宗教在法国争取女性投票权的斗争中发挥了重要作用，就像右翼政客声称，女性活动人士可能会受到天主教会的影响。最后，在1944年，戴高乐将军的临时政府宣布，"女性是投票人，在与男性相同的条件下也有资格投票"。

1906年至1907年，芬兰
1906年，芬兰成为了世界上第二个给予公民普选权的国家。仅一年后，它又成为了第一个有女性当选国会议员的国家。

1893年9月19日，新西兰
在一年前的请愿之后，新西兰授予了女性投票权。女性参政运动者在新西兰各地征集签名，并向议会提交了一份超3万人同意的法案，并将其交到众议院。

1920年8月18日，美国
在各个州实现女性选举之后，直到1920年，由苏珊·B.安东尼和伊丽莎白·卡迪·斯坦顿起草的第19条修正案通过，女性选举权才得以全面实现。

1902年，澳大利亚
1901年，在澳大利亚统一后，联邦议会建立了普选制度。然而，直到1962年澳大利亚土著居民被允许投票后才实现普选。

织。组织的数量过多会产生负面影响。潘克赫斯特派仅仅把这看作她们斗争的证据，并向留下的成员发出了战斗的号召。她们要开战了。

攻击和监禁

1908年1月17日，女性参政论者被锁在伦敦唐宁街10号外的栏杆上。第二天，埃米琳·潘克赫斯特和艾丽·马特尔（Ellie Martel）遭到自由党支持者的猛烈攻击。他们将补缺选举的失败归咎于两人。潘克赫斯特被推倒在地，一群愤怒的人包围着她，此后她被警察救出。她写道："'可怜的灵魂'，我当时想，然后我突然说：'你们都不是男人吗？'" 2月，克里斯塔贝尔组织了一次"特洛伊木马"活动——20名女性参政论者躲在一辆开往下议院的面包车中，然后全部跳出车外，面对警方。1908年，令人生畏的弗洛拉·德拉蒙德（Flora Drummond）带领一群女性参政论者乘坐一艘蒸汽船沿泰晤士河航行，邀请坐在威斯敏斯特宫阳台上的议员参加6月21日的游行。游行中，3万名女性参政论者走上街头，吸引了50万名观众。

这些公开抗议的结果是被关监禁。随着越来越多的女性参政论者被关入监狱，她们的遭遇引发了更多的争议。康斯坦斯·利顿夫人（Lady Constance Lytton）描述了那里糟糕的卫生状况：衣服脏乱不堪；寄生虫到处都是；马桶一天才倒一次。女性参政论者指控得越强烈，监狱管理人员否认得就越彻底。埃米琳·潘克赫斯特在1908年被捕两次。同年2月，她带领13名女性参政论者前往下议院，反对《请愿法》。她知道自己会被逮捕。一旦入狱，她原本不佳的健康状况就会迅速恶化，然而，她的决心十分坚定。1907年10月，她出版了一本小册子，敦促女性参政论者"冲向下议院"，但她没有直接去那

戴维森的"十字军东征"

破坏《协调草案》
1911年11月21日
劳埃德·乔治宣布他"彻底摧毁"了《协调草案》，从而打消了通过该法案的任何希望。与激进的女性参政论者达成的停火协议已经结束。

第一次纵火
1911年12月15日
埃米莉·威尔丁·戴维森因将一块燃烧的亚麻布放入邮筒而被捕。她公开宣布了她的计划，并等着被捕。

女性社会和政治联盟领导被捕
1912年3月5日
在一场旷日持久的砸窗运动之后，政府逮捕了女性社会和政治联盟的领导人，包括佩西克-劳伦斯和埃米琳·潘克赫斯特。克里斯塔贝尔·潘克赫斯特逃往了法国。

戴维森尝试殉道
1912年7月4日
在霍洛威监狱的一场骚乱中，绝望的戴维森两次从阳台上跳下来，试图以"某种绝望的抗议"而殉难，但她幸存了下来。

《改革法案》被废止
1913年1月
下议院议长宣布，《改革法案》将被废止，并以新的形式提交。作为报复，潘克赫斯特宣布了她的"游击"袭击计划。

在空房子安置炸弹
1913年2月18日
埃米琳·潘克赫斯特负责轰炸劳埃德·乔治的一所空房子。她说是埃米莉·威尔丁·戴维森埋下的炸药，但并没有证据。

"猫捉老鼠"的法律
1913年4月2日
政府针对那些因绝食和强迫喂食而患病的囚犯发布了一项残忍的新计划。他们会先将囚犯释放，等其恢复健康后再让其继续服刑。

德比赛马日的悲剧
1913年6月4日
埃米莉·威尔丁·戴维森在埃普索姆马场跑在国王的马前面，受了重伤，并于4天后去世，这使她成为这项事业的殉道者。

送葬队伍
1913年6月14日
戴维森的葬礼在伦敦举行，数千人参加。随后她的遗体被带回诺森伯兰。

▲ 在第一次世界大战前的几年里，英国女性参政论者越来越多

玛丽安·华莱士·邓洛普因在下议院用橡皮图章印刷节选的《人权法案》而被捕，随后被送进监狱。邓洛普要求被当作政治犯对待。在被拒绝后，她开始绝食。在她绝食91个小时后，当局为了安全起见，决定释放她。8月13日，爱德华七世的私人秘书给阿斯奎斯总理发了一封短信："陛下很高兴知道，为什么不采用显然必须存在的现有方法，来处理拒绝营养的囚犯。"强行喂食已经得到了明确许可。

女性社会和政治联盟的组织者劳拉·安斯沃思写信给邓洛普，讲述了她于1909年9月在伯明翰被强行喂食的经历。她描述了她是如何被强迫的：头向后仰，嘴巴被强行打开，管子"往下推了大约18英寸①。开始是非常痒的感觉，接着会感到窒息，最后会感到非常震惊"。接着，她被塞进了张口器，"大约一品脱②"的食物被倒进了管子里。安斯沃思写道："我知道我当时看起来一定像是在战场上受了伤。"

强迫喂食的做法在新闻界引发了激烈的辩论，并成为女性参政论者关注的另一个焦点。为了增加曝光率，并确保被捕，一场砸玻璃运动开始了。1909年10月，12名女性参政论者因打碎玻璃而被捕。11月，被监禁的女性报导了在监狱中强行喂食的恐怖事件。这件事登上了各大报纸的头版，但舆论仍然存在分歧。

在这种危急的形势下，像艾米莉·威尔丁·戴维森这样的女人变得"臭名昭著"。戴维森是激进的女性参政论者中最执着的一个，并且喜欢擅自行动。很明显，即使是潘克赫斯特家族

里，而是告诉警察她将一直忙到第二天的6点。当她和弗洛拉·德拉蒙德乘坐出租车前往鲍街车站时，一位自由派议员还从萨沃伊酒店为她俩送去了一顿丰盛的晚餐。

政治犯？

1909年，斗争发生了根本性的变化，双方都不肯让步。7月，一群女性参政论者向内政部、枢密院和财政部的窗户扔石头。6月24日，

---

① 1英寸约为0.025米。
② 1品脱约为0.568升。

埃米琳更关心的是用任何必要的方式吸引英国人民的注意力，而不是人们的理智与情感。

▲ 1907年,埃米琳·潘克赫斯特被捕。左下图是她在监狱时的照片

也对她持一定程度的谨慎态度。1909年10月,在斯特林威监狱,戴维森堵住了自己牢房的门,此后,她被强制进食。这是另一个制度化暴行的例子。

戴维森只是众多报告自己遭受暴力对待的女性之一。康斯坦斯·利顿夫人决心验证这一说法——囚犯的待遇因阶级而异。此前,她曾被逮捕,并因心脏问题被认为身体状况不佳,不适合强行喂食。而监狱医生断定"简"完全健康,可以强行喂食。她的哥哥利顿勋爵(Lord Lytton)给《泰晤士报》写了一封信,详细描述了妹妹所经历的一切。这让当权派感到尴尬,但这不足以改变现状。

1910年,和解委员会成立。这看起来像

·123·

是一个解决方案，其目的是在米莉森特·加勒特·福塞特的全国女性参政协会与女性社会和政治联盟的指导下寻求一个中间立场。该和解法案在下议院通过了两次解读，但当议会于11月18日解散，法案没有任何进展时，埃米琳·潘克赫斯特带领300名女性在下议院进行示威。她们遭到警察的暴力袭击；手无寸铁的女性参政论者被警察拳打脚踢，扔在地上，并被警察搜身。200名女性被捕，其中2人受伤至死，包括潘克赫斯特的姐姐玛丽·简·克拉克。尽管全国媒体都报道了这一令人震惊的暴行，丘吉尔却拒绝对此事进行调查，称女性参政论者"源源不断地制造谎言"。

潘克赫斯特出人意料地表现出克制，决定休战到新议会开会。但当劳埃德·乔治无情地宣布她"破坏"了《协调草案》时，战斗不仅卷土重来，而且升级。对砸窗户事件和纵火案的报道频繁占据报纸头条，全国女性参政协会对女性社会和政治联盟制造的负面宣传感到绝望。事实证明，这对潘克赫斯特家族也是一个问题。1912年5月，包括埃米琳和克里斯塔贝尔在内的女性社会和政治联盟主要领导人被控"阴谋煽动某些人对财产进行恶意破坏"。克里斯塔贝尔乔装打扮逃往法国，其他人则被判刑。

人们强烈要求将女性参政论者列为政治犯。7月，埃米莉·威尔丁·戴维森在一次"围攻"中试图从监狱大楼的楼梯上跳下自杀，引发了更大的愤怒。她的想法是"一场大悲剧可能会拯救许多人"，但防护网救了她的命，没能让她达成心愿。

暴力爆炸

7月晚些时候，女性参政论者策划了"火药阴谋"——在劳埃德·乔治访问皇家剧院后，4名女性试图放火焚烧剧院。1912年10月17日，在皇家阿尔伯特音乐厅的一次演讲中，埃米琳把女性参政论者比作阿尔斯特的叛军，宣称"如果你敢，就带我去"。与此同时，全国女性参政协会与工党建立了联系，后者已成为第一个支持女性选举权的政党。然而，1913年1月，政府宣称，《改革法案》必须推陈出新，因为如今与当初提出时的背景已决然不同。全国女性参政协会进入了新的战斗阶段——对富人的空房进行破坏。炸弹被设置在空房子里，埃米琳·潘克赫斯特对此负责。

政府注意到，被强制喂食的囚犯的健康情况每况愈下，于是制定了所谓的"猫捉老鼠"法。这意味着，被强制喂食的囚犯的健康情况如果严重堪忧，就可以暂时将其释放，等恢复健康再继续服刑。这项令人震惊的政策遭到广泛的抗议，但无济于事。

▲ 埃米莉·戴维森在埃普索姆德比赛马日的头条新闻

1913年6月，艾米莉·威尔丁·戴维森在埃普索姆庄园纵身扑向国王的马。这起事件对女性参政者及其对手的影响是深远的。报纸上的报道标题为"女性参政者在埃普索姆的愤怒"。

全国女性参政协会继续减员，因为克里斯塔贝尔·潘克赫斯特认为她的妹妹西尔维娅表达了不同的意见，不能再成为该组织的成员。她们最小的妹妹阿德拉已经被赶了出来。然而，很明显，事情不能再继续下去了。女性社会和政治联盟的成员正在减少，要么是被开除，要么是被监禁，而且似乎没有取得任何进展。1914年7月28日，一切都变了。

随着第一次世界大战的爆发，埃米琳和克里斯塔贝尔的目标突然改变了。她们决心支持英国，并确保成员们像争取投票权一样为国家而战。女性投票权最坚定的支持者变成了最坚定的战争活动人士。她们把支持转向战争，在不久之前还被认为不适合从事的工作中工作。也许需要像世界大战这样戏剧性的事情才能改变现状。1918年，在就投票权进行投票时，人们对女性参政论者的看法发生了变化，30岁以上的女性获得了投票权。1928年，女性参政者的梦想终于实现了，女性最终获得了与男性一样的投票权。她们的声音终于被听到了。

希特勒 ✠ VS ☭ 斯大林

巴巴罗萨行动

第二次世界大战中的极权大国倒塌后，
东欧血流成河，而苏联也到了崩溃的边缘。

决定性时刻

巴巴罗萨行动，1941年6月22日

希特勒对苏联发动了大胆的入侵，标志着"二战"中最致命的战场上开始了一场残酷的斗争。

全歼之战即将开始。纳粹怒气冲冲地想要歼灭的目标是苏联，这个领土从波罗的海蔓延到北太平洋的国家。自1925年著书《我的奋斗》后，德国独裁者希特勒认为德国人需要更多的生存空间，于是相信自己的使命是为德国人创造生存空间，并结束布尔什维克这一不断蔓延的思潮。希特勒认为，布尔什维克这一革命思想对20世纪20年代的脆弱德国是一种威胁。因此，德国和苏联的战争不仅是军事冲突，更是两种互不兼容的意识形态之间的冲突。

▲ 1939年，瓦尔特·冯·布劳希奇和阿道夫·希特勒检阅在波兰作战胜利的德国国防军

> 我们要做的只是敲开门，而那个结构自然会崩塌。
> ——1941年6月，希特勒对苏联的预言

从波罗的海到黑海

与人们心目中的神话相反，在德国军队中没有单一的"闪电战"成功学——德军在1939年和1940年的胜利是建立在"一战"后发展出的移动战争学说之上的，此外还有强大而专业的作战军团和空军优势。

不过，1940年12月，希特勒受到了自己所做的宣传的迷惑。由于深信苏联会在德军入侵后陷落，希特勒发布了第二十一号元首指令，概述了未来的巴巴罗萨行动计划——以领导第三次十字军东征的神圣罗马帝国皇帝之名而命名。在陆军元帅瓦尔特·冯·布劳希奇（Walther von Brauchitsch）的领导下，134个满员之师奔赴新战线，从北部的梅梅尔到南部的敖德萨均有布局。

1939年，《苏德互不侵犯条约》被德方撕毁，而希特勒自信地预言，入侵苏联只需要10周，之后就能取得胜利。德军东路军把北部集团军、南部集团军和中部集团军兵分三路，从战术上开始先发制人，旨在驱逐所有在阿尔汉格尔斯克-阿斯特拉罕（A-A）战线后面的苏联部队，拿下列宁格勒、莫斯科和基辅。由第一次世界大战资深陆军元帅费多尔·冯·博克（Fedor von Rock）领导的陆军集团中心将采取与129年前拿破仑入侵俄国的相同路线，而那次入侵不幸失败。

为了确保德军不会遭受同样的厄运，弗里德里希·保罗斯（Friedrich Paulus）将军受命对袭击区进行战略调查。保罗斯建议采取包围战术，防止苏联红军撤退，把德国供应线拉得过长，导致德军在苏联境内受困，不得不打耗时耗力的游击战。由于德军在巴尔干地区遭到的反击超过预期，巴巴罗萨计划被推迟了一个多月。特别是南斯拉夫还进行了顽强抵抗，于是希特勒被迫插手意大利对希腊的入侵。巴巴罗萨计划的延迟或许为苏方提供了更多时间集结防御力量。虽然有人提前发出警告，但斯大林确信直到德国占领英国后，希特勒才会入侵苏联。

苏联领导人早在1940年12月就收到过情报，1941年4月，温斯顿·丘吉尔也给斯大林写信告知了德国的威胁。1941年6月21日，也就是巴巴罗萨行动前夕，斯大林还有最后一次机会调动苏方部队。国防军军士长阿尔弗雷德·利索夫（Alfred Lishof）离开了部队并被苏联士兵收留。他声称德国的袭击迫在眉睫。斯大林粗暴地回绝了他的警告。第二天，斯大林猛然发现：东部战争已经开始了。

寻求生存空间的血腥之旅

德军东路军是怎样在东欧平原和城市高歌猛进的。

4. 芬兰援助
7月10日
罗马尼亚军队还在苏联南部鏖战，而芬兰军队正朝卡累利阿地峡挺进。共有30万芬兰士兵加入德军阵营，参与进攻苏联。

1. 装甲车从远处传来轰鸣声
6月22日
德军装甲师向东推进，准备实施巴巴罗萨计划，希望给毫无准备的苏军致命一击。

5. 斯摩棱斯克
7月16日
在通往莫斯科的道路上，德军占领了另一座重要城市。在斯摩棱斯克，抵抗持续到8月5日。到9月1日，战争前线已延伸得更远，北至列宁格勒，南至克里米亚。

7. 台风行动
10月2日
在纳粹领导层仔细审议后，德军开始对莫斯科全面进攻。德军一路攻到了莫斯科郊区，但最后由于冬季来临，没能攻下该城。

9. 冬季占据主导
12月5日
可怕的天气条件和新征士兵给了疲惫国国防军重重一击，国防军别无选择只得撤退。巴巴罗萨计划未达成。不过，东欧仍在大德意志德国的控制之下。

3. 更多城市陷落
7月3日
弗科维斯克和明斯克被德军占领，杀戮仍在继续。德军俘获了32.4万名苏联红军战俘。

6. 占领基辅
9月16日
随着苏军在基辅东部地区受困，乌克兰社会主义苏维埃共和国的首都基辅成为下一个即将陷落的城市。德国国防军甚至到达了更深入的布良斯克和别尔哥罗德地区。

2. 罗马尼亚盟友
6月22日
不止德国国防军向东挺进，两支罗马尼亚盟友的军队也前往乌克兰，直奔敖德萨。

8. 塞瓦斯托波尔围困
11月16日
德军围攻了克里米亚很长一段时间，最终攻下了该城。这一地区是一个过渡地带，为德军向高加索山脉大油田挺进，并为发动"蓝色行动"提供了平台。

图例
— 德军进攻线路
— 苏联反击线路
⬭ 受困的苏联军队
 德国军队
 苏联军队

> 苏联的领土对我国而言就像印度对英国一样……德国人必须生活在漂亮的、广袤的田园中。
> ——希特勒的扩充生存空间计划

希特勒的装甲风暴

苏联红军准备不足,加上德军在即将到来的袭击中饱含怒气,于是苏联迎来的是致命的一击。苏联拥有的坦克和飞机数量可能是第三帝国的3倍,但由于苏联国土面积过大,这些武器四散分布在各地,无法及时得到调配,而且当时苏联的技术也不够先进。波罗的海战线的第一次重要战役是6月23日的拉塞尼埃战役。德军的这次袭击包括大型地面轰炸和空袭,使苏联机场陷入瘫痪,损失了四分之一的兵力。随着战线继续向东推进,装甲师每天攻下80千米,而步兵则紧随其后,每天负重行驶30千米。苏军已被炮弹攻势击晕,而德军发动的围攻行动非常有效。凭借钳形攻势,德军俘获了数十万名战俘。7月初,随着红军从白俄罗斯撤退到第聂伯河河岸,比亚韦斯托克和明斯克也沦陷了。在6月23日至30日的布罗迪战役中,德国国防军发挥了技术和战术上的优势,凭借着750辆德国装甲车摧毁了3500辆苏联装甲车。

▲ 1941年6月,在入侵早期,德军抵达苏联

▲ 轴心国步兵用41型防御火焰喷射器摧毁建筑物，清除障碍

> 被大火吞噬的村庄，死不瞑目的苏联士兵，肿胀的战马尸体，生锈、发黑、被烧坏的坦克……行军过程中，目光所及之处，都是这些场景。
> ——一名德国步兵眼中的巴巴罗萨计划下早期的苏联场景

7月，暴雨席卷了东欧战场。雨下得太大了，导致本来自由行进的德国东部军不得不停下脚步，令士兵一列列地后退数十千米，等待太阳从云层中出来。这让陷入困境的苏联红军有机会重新沉着布局。苏联红军决定发动反击，但德国国防军坚定不移，击退了苏联红军，并进一步向斯摩棱斯克前进。经过一个月的鏖战，斯摩棱斯克沦陷。虽然德军遭受了巨大的损失，但是国防军的重型卡车没有停下前进的步伐。斯大林下令采取严格的焦土政策。整个东部前线的桥梁被拆除，铁路线遭到破坏，道路被毁。当德国东部军越来越接近苏联的重要核心城市时，苏军必须抵抗了。斯大林不能容忍失败，德米特里·巴甫洛夫（Dmitry Pavlov）将军因未能阻止德军进攻而被处决。因此，苏军指挥官对投降还是退却更加犹豫不决。当斯大林从上到下大清洗时，德国国防军正忙着抢劫明斯克。

东部大屠杀

随着战争前线不断扩大,希特勒发展"种族纯粹"生存空间的愿景开始在后方实现。在步兵后出征的是在党卫军指挥下的别动队——一个准军事敢死队。他们有序地以大规模枪击、公开绞刑等形式杀害犹太人、共产党官员、知识分子、罗姆人和辛提吉卜赛人。有些被害人被他们用汽油油罐车排放的尾气熏死。

希特勒还建立了集中营和贫民区,把战俘当成奴隶劳工。有些国防军的指挥部对这样的行为有疑虑,但还是没有阻止暴行继续。许多正规部队、警察部队、当地长大的辅警和法西斯民兵参与了血腥屠杀行动。其中最大规模的杀戮是在1941年9月,发生在基辅郊区的巴比亚尔。党卫军的记录显示,仅1941年就有60万人被杀,其恐怖程度超过了巴巴罗萨。1941年至1944年,别动队杀害的人数高达200万。

战争结束后,在1947年至1948年的别动队大审中,24名前别动队指挥官被控犯有危害人类罪。其中,14人被判死刑,两人被判终身监禁,其他人的刑罚较轻。暴行的全盘设计人——党卫军总指挥海因里希·希姆莱和党卫军副总指挥赖因哈德·海德里希(Reinhard Heydrich),均得到了应有的惩罚——希姆莱在牢房中自杀;海德里希则在布拉格被同盟军特工暗杀。

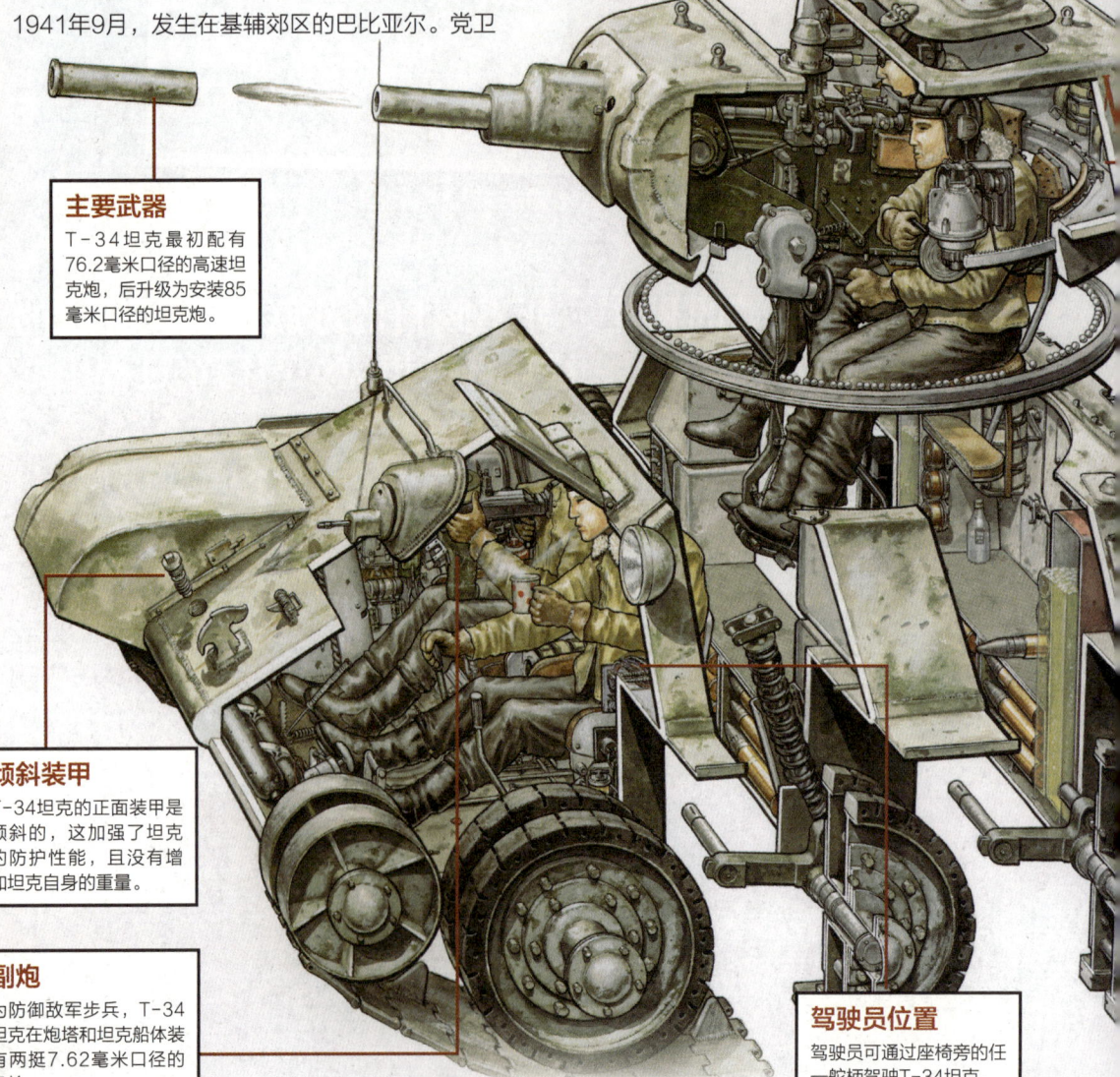

主要武器
T-34坦克最初配有76.2毫米口径的高速坦克炮,后升级为安装85毫米口径的坦克炮。

倾斜装甲
T-34坦克的正面装甲是倾斜的,这加强了坦克的防护性能,且没有增加坦克自身的重量。

副炮
为防御敌军步兵,T-34坦克在炮塔和坦克船体装有两挺7.62毫米口径的机枪。

驾驶员位置
驾驶员可通过座椅旁的任一舵柄驾驶T-34坦克。

> 有没有可能入侵者已不再把我们当作人,而把我们当作牲口?我们是不能接受这种对待的。但谁又敢和他们作对呢?
> ——1941年6月,维尔纽斯市的玛卡·罗尔尼卡斯在日记中写道

苏联红军的装备

苏联的T-34坦克被人们认为是"二战"中威力最强的武器

炮塔
早期的T-34坦克配备的是紧凑型双人炮塔,需要指挥官瞄准主炮,战斗效率较低。

宽履带
T-34坦克的宽履带为坦克的底盘提供了稳定性,也提高了坦克的越野性能,使其在雪地或泥泞中均可行驶。

拥挤的内部空间
从人体工程学上讲,T-34坦克的内部设计并不理想,因为士兵需要在狭窄的空间里长时间操作。

悬挂系统
美国人沃尔特·克里斯蒂(Walter Christie)设计了T-34坦克的悬挂系统,这一系统在"二战"中的苏联坦克里很常见。

发动机
T-34坦克是由V-2-34和V-12柴油发动机提供动力,功率为500马力,最高时速为53千米。

行军停滞

巴巴罗萨行动的第一阶段结束了,希特勒和他手下的将军们不得不做出判断,未来有三条路线可选:继续向莫斯科挺进;向北冒险征服共产主义的发源地——列宁格勒;转而向南,前往苏联的粮仓——乌克兰。在这个过程中,希特勒否决了将军的意见,选择了第二条路。他认为巴库的油田和苏联工业中心哈尔科夫是需要优先占领的,而这将削弱德军对莫斯科的攻击力,但元首仍然认为自己完全就是个领导战争的天才,相信自己的判断是最准确的。在8月的大部分时间里,元首和将军们的意见都是不一致的,而这样一来,能够完全击垮苏联的宝贵时间就这样溜走了。而这正是苏联红军所需要的喘息时间。8月中旬,又有200个师的新兵前往西部。无论德军制定的战术超越苏军多少,在人数上,德军永远也不会超过苏军。尽管人数占优势,但随后的基辅战役却成为了苏联红军有史以来最大的失败。德军占领了乌曼褶口,北方的情况也没有好转多少。从9月中旬开始,列宁格勒,这座有象征意义的城市,被德军包围,每天有300名平民在这个前俄罗斯帝国首都中死去。当地还发生了饥荒,人们不得不开始吃猫、狗和鸟,甚至有报道称,当时还有人吃人的现象。

台风计划

在北部和南部取得胜利之后,就到了德军东路军完成最终杀戮目标的时候了:挺进莫斯科。10月,德军占领了莫斯科以南200千米的小镇怀兹马。袭击莫斯科的行动已经箭在弦上。随着德军在加里宁和布良斯克也取得了胜利,他们离莫斯科越来越近。

城市里,恐慌是人们最主要的情绪。200万人逃离了首都,苏维埃政府也向东搬迁了800千米,暂时安置在古比雪夫(今萨马拉)。而有一个人依然保持镇静,他就是格奥尔吉·朱可夫(Georgy Zhukov)。1939年,朱可夫在哈拉欣河战役中赢得了重大胜利,这使日本不再对远东构成威胁。朱可夫动员了90万名来自东部军区的新兵对抗西部的德军。德国东征军距离莫斯科的大门只有65千米。他们甚至可以看到莫斯科上空的防空灯光,但德军无法继续向前推进。苏联的战略是,尽可能地利用德军体能匮乏和睡眠不足的问题,派遣新兵部队出击,而恶劣天气也给苏联红军提供了足够的时间进行重组和巩固阵地。德军离柏林很远,所以德军情报部门出现问题——无法准确完整地提供情报。德军高级指挥部严重低估了苏联可以召集的士兵数量,他们预测红军有50支预备队,但这个数字是被严重低估了的。到11月中旬,造成路面无法行进的秋雨季节慢慢过去,泥泞的路面逐渐硬化,使得德军可以重新开始大规模进攻。德军驻扎在莫斯科郊区,可以看到克里姆林宫。而苏联红军为拯救他们的首都而拼尽全力应战。双方的战斗十分激烈。这个冬天是苏联140年来最寒冷的冬天。在这个冬天,苏联必须付出代价,而实际上,苏联付出了太多。

▲ 莫斯科之战中带有纳粹德军标识的坦克

对所有军事目的而言,苏联都要拼尽全力。英军的两个前线的作战理想终究还是破灭了。

——1941年10月9日,党卫军第一装甲师指挥官泽普·迪特里希

▶ 一名国防军士兵正密切关注着可能随时发动攻击的苏军

寒风如针刺一般吹在脸上，冷空气穿过头盔和手套。眼前全是霜，什么都看不清。

——德国国防军将军戈特哈德·海因里希对当时艰苦环境的描述

霜冻将军

苏军为零度以下的气候做好了准备，配备有衬垫的冬季服装和专业用具，包括滑雪部队和用于运送枪支和火炮的雪橇，而德军没有准备这些。希特勒决心快速获胜，这意味着德国几乎没有为士兵准备冬衣抗寒防冻，而这带来的后果是毁灭性的。德国士兵常出现的问题是：手枪卡在枪套里；戴着手套的手指冻在了手套里，很难拔出来；和肉一块冻住的粮食都结了冰；发动机因缺乏防冻剂而无法动弹；巨大的暴风雪使德国空军停飞。这样的气候给德国士兵带来了非常严重的冻伤，1.4万名德国士兵截肢，而且过度依赖马匹运输的德军东部军供应车辆也随之瘫痪。12月5日，红军发动反击，给德军带来了严重打击。88个苏联红军师攻进德军战线，推进使他们已无心再战。但希特勒不是轻易言败的人。他命令冯·博克（von Bock）坚守阵地。这是个非常固执的决定，显示出元首作为将领的过度自信。苏联红军的不断挺进为德国国防军带来了一系列损失，这也激怒了希特勒。希特勒把手下的将军重新洗牌，解除了冯·龙德施泰特（Von Rundstedt）、冯·布劳希奇（Von Brauchitsch）和冯·博克的职务。当希特勒自己接任最高指挥官时，贡特尔·冯·克卢格（Günthe von Kluge）被提拔为陆军元帅，但这些改变并没有产生预期的效果。随着装甲部队向西撤退322千米，并抵达"台风行动"的起始地点时，德军接到命令，元首要求他们战术性撤退。巴巴罗萨计划失败了。

拉多加湖生命线

希特勒渴望攻下列宁格勒,因为那是共产主义的象征——1917年十月革命的中心地带。成功入侵列宁格勒则象征着意识形态的胜利。因此,纳粹指挥部决定围攻列宁格勒。8月30日,列宁格勒与苏联其他地区相连的铁路和陆路连接被切断。拯救列宁格勒唯一的机会就是通过拉格达湖。这座湖是一道天然的屏障,将德国和芬兰的军队同苏联分开。1941年11月,湖面结冰,卡车可运送物资进入城市,提供救济。冰路运输的资源不足以维持这座城市人口的消耗,但这道天然的干道却使列宁格勒在被围攻900多天后,直到1944年1月都未被入侵。

▲ 为表彰市民的坚强勇敢和极大耐力,苏联政府于1945年授予列宁格勒"英雄城"的称号

希特勒为什么会失败

尽管在巴巴罗萨行动初期,德军的装甲先锋深层次、大规模地打击了苏军,纳粹这一战争机器也获得了多次胜利,杀死、俘获数百万名红军士兵,但阿道夫·希特勒未能认识到几个突出的问题,也正是这些问题最终导致德国国防军在东部战线上转攻为守,逐渐衰落,直至彻底失败。

希特勒希望速战速决,但他低估了苏军的决心和约瑟夫·斯大林坚定的信念。随着德军接二连三地取得胜利,元首及各位高级指挥官都沉浸在过度自信中。不过到1941年秋,情况开始变得不同。希特勒开始在战略和战术上干涉德军攻势,同时,苏联红军发动了反击。接着,苏联又

> 在我们战线出现缺口的地方,到处都是他们在进攻的士兵。在冰雪中的撤退完全是拿破仑式的。损失还是一样的。
> ——1941年12月22日,在冯·克卢格的第四军团服役的哥特哈德·海因里希将军

下起了一场似乎不会停的雨。泥混着雪,阻碍了纳粹前进的步伐。对于德国士兵来说,1941年的冬天,仿佛有一场狂风席卷了苏联。德军士兵只有夏季军装御寒。面对这样的寒冷天气,很多人都被冻病了,甚至有人被冻死了,德军的发动机和武器也都没有办法使用。这支机械化的军队被困在寒流中。装甲部队指挥官只能站在距离莫斯科不到20千米处,通过望远镜窥视着莫斯科。

次年夏天,当希特勒将坦克的炮口转向斯大林格勒和高加索油田时,在德军第六军和曾经无敌的国防军的眼前只剩下死亡和毁灭。最终,苏军发动了无情的反击,席卷东欧,并最终走上了柏林街头。成为废墟的德国首都也揭示了元首注定的命运,而他统治世界的梦想也注定破灭。

巴巴罗萨计划的全规模

134 + 73

个师
(战斗能力充足)　　个师
(部署在战线后方)

350万德国士兵

30万芬兰士兵

100万德国同盟军

5万斯洛伐克士兵

25万罗马尼亚士兵

德军拥有

3580辆坦克

2700架飞机

50万辆装甲车

7184挺机枪

> 他们无处不在,努力填补我们在前线的空白。在冰雪中撤退的一幕,绝对重演了拿破仑当年进军俄国的历史。遭受的损失也如出一辙。
>
> ——1941年12月22日,哥达尔·海因里希将军,曾在冯·克卢格的第四军服役

占领基辅后,德军俘获了苏联66.5万名战俘、884辆坦克和3000挺机枪

德军在"二战"期间牺牲的士兵,80%死于东线战场

铭记珍珠港

揭示震惊世界、导致美国参战的著名偷袭事件中的那些细节。

◆
决定性时刻

偷袭珍珠港，
1941 年 12 月 7 日

为削弱美国太平洋舰队（the US Pacific fleet），日本对珍珠港发动了毁灭性的袭击。这次偷袭直接导致美国参战，并帮助同盟国扭转了战局。

1941年，美国还不是个超级大国。事实上，美国的军事力量只有分散在美国大陆和海外的约20万名军人。自从因参与"一战"而付出高昂代价后，美国就一直抵触参与全球性的事务，转而实行孤立主义。而"国耻日"（Day of Infamy）完全改变了这一切。

1941年12月7日，日本对停泊在夏威夷瓦胡岛（Oahu）珍珠港（Pearl Harbor）的美国舰队发动了无端攻击。这一先发制人的袭击意在削弱美国在太平洋的力量，并在日本着手征服邻国之际威胁美国不要插手日本的事务。

在此次袭击中，日本计划击垮美国的太平洋舰队，但没能摧毁美国的3艘航空母舰——这3艘航空母舰当日并未停泊在珍珠港，而日本的情报部门却疏忽了这一点。偷袭珍珠港在当时来看算是日本的一次成功战略，但后来却被证明是战争史上代价最高的策略之一。面对日本的侵略，美国民众没有屈服，而是团结在爱国主义的旗帜下。用策划此次袭击的日本海军舰队司令山本的警言来说，"一个沉睡的巨人醒来了"。

4年后，美国与日本的战事平息之时，美国已经是有史以来拥有最强大战争机器的大国。凭借强大的工业实力，美国建立了一支拥有830万人、喷气式战斗机、远程轰炸机及世界上第一批核武器的军事力量。用美国总统富兰克林·罗斯福（Franklin Roosevelt）的话说，1941年12月7日将"作为一个耻辱的日子传于后世"。下面，让我们见证这一戏剧性的时刻。

那是热带天堂的一个周日清晨，美国并没有处于战争状态，没人理解奥特布里奇（Outerbridge）发的信息意味着什么。事实上，直到袭击开始之前那刻，人们才读到这条消息。

**1941年12月7日
早上5:00**

当太阳跃升到碧蓝无垠的太平洋海面之上时，一支由2艘战列舰、3艘巡洋舰、9艘驱逐舰和6艘航空母舰组成的日本舰队在夏威夷以北370千米处待命，此处位于美军雷达的安全区。数百名飞行员聚集在甲板上祈祷。稍后，他们将对美国发动第一轮袭击，并直接挑起同美国的战争。这场可怕的战争将导致日本的两座城市广岛和长崎被原子弹轰炸。日本这些飞行员训练有素。在近一年的时间里，他们一直在日本最南端的九州的有明海（Ariake Bay）秘密训练，主要进行针对海上目标的低空鱼雷投放演练，以及高空精确轰炸演习。该海域入口狭窄，水域较浅，其地理特点与飞行员们将要袭击的真正目标——位于夏威夷瓦胡岛的珍珠港极其相似，而美国的太平洋舰队就停在这里。

▲ 珍珠港鸟瞰图。中间为福特岛，其后为海军船坞，左上角为希卡姆机场

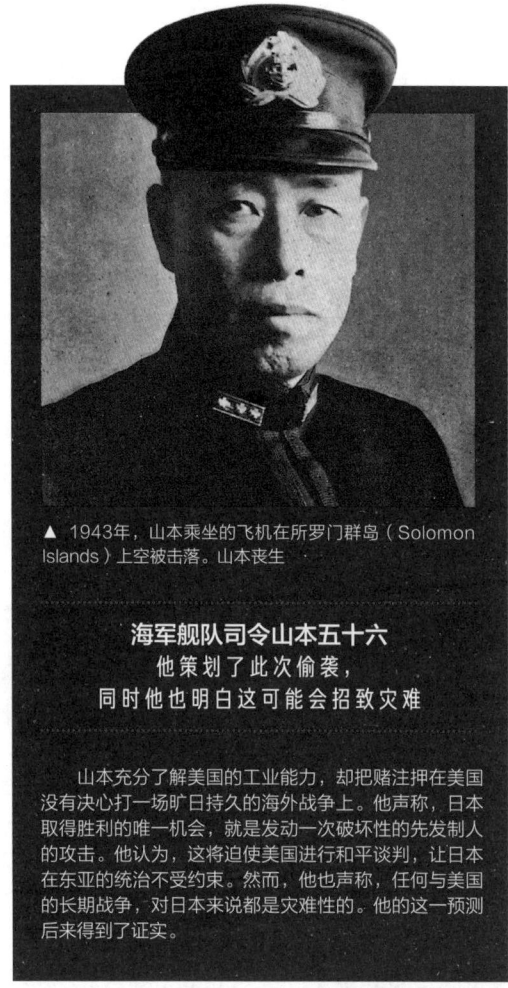

▲ 1943年,山本乘坐的飞机在所罗门群岛（Solomon Islands）上空被击落。山本丧生

海军舰队司令山本五十六
他策划了此次偷袭,
同时他也明白这可能会招致灾难

　　山本充分了解美国的工业能力,却把赌注押在美国没有决心打一场旷日持久的海外战争上。他声称,日本取得胜利的唯一机会,就是发动一次破坏性的先发制人的攻击。他认为,这将迫使美国进行和平谈判,让日本在东亚的统治不受约束。然而,他也声称,任何与美国的长期战争,对日本来说都是灾难性的。他的这一预测后来得到了证实。

▲ 罗斯福被证明是一位伟大的战时领袖,但在美国取得胜利前死于中风

富兰克林·D. 罗斯福（Franklin D Roosevelt）
美国有史以来最伟大的总统之一。他
预料到战争即将来临

　　长期以来,罗斯福总统一直主张美国不能一直在这场迅速演变的全球性冲突中保持孤立。自1941年初以来,美国向英国和其他同盟国提供武器和物资,实际上已在选边站队。1941年7月,在日本入侵法属印度支那后,罗斯福对日本实施了贸易禁运。这一举动让日本决策层认为,他们有必要削弱美国的影响力。

早上6:10

　　在370千米外的瓦胡岛上,毫无戒备的美国士兵们还在床上酣睡,日本第一航空舰队司令、海军上将南云忠一下令发动了第一轮袭击。数百架日本飞机从航空母舰的甲板上起飞,冲向清晨的天空,其中包括日本战斗机、鱼雷轰炸机和俯冲轰炸机。飞机起飞时间分毫不差,整个舰队的飞机在15分钟内全部升空。"秋云号"（Akigumo）驱逐舰上的海军少校千草对此印象深刻。他后来在日记中写道:"看到飞机飞向他们的集合点,我们信心满满。当飞机飞过上层甲板时,我们全体人员向他们挥手致意。我也在舰桥上不由自主地、激动地挥舞着帽子。渐渐地,第一批飞机全部起飞,由183架飞机组成的编队很快消失在天空中。"日军的突袭计划分3次进行:第一波袭击将攻击瓦胡岛上所有的军事设施;第二波袭击将集中攻击具体目标;第三波袭击将摧毁燃料储罐、干船坞和维修设施。然而,日本希望在此次突袭中摧毁的3艘航空母舰却没有出现。

　　美军"列克星敦号"（Lexington）航空母舰在岛以东数百千米处,负责向中途岛的美国空军基地运送飞机。"萨拉托加号"（Saratoga）航空母舰刚刚在加利福尼亚圣迭戈进行了改装。而"企业号"（Enterprise）航空母舰正在瓦胡岛以南320千米处进行演习。大约在日军第一波战机升空的同时,美军18架飞机

▶ 美国"宾夕法尼亚号"(Pennsylvania)超级无畏舰在"唐斯号"(Downes)和"卡辛号"(Cassin)驱逐舰残骸的后面

▼ 一架美制翠鸟式水上飞机在袭击中被击落,停留在福特岛上

日军内部的军事竞争

日本海军和陆军之间的宿怨是如何导致对美袭击的

日本海军向美国发动袭击时,日本陆军正忙着在太平洋的另一边入侵英国殖民地。当炸弹和鱼雷把美军太平洋舰队轰得四分五裂时,5000多名日本士兵在马来半岛(Malay Peninsular)海滩登陆;另有5.2万名士兵占领了中国香港。

这两起袭击似乎在战术层面协调一致,尤其是当偷袭珍珠港是一次赌博式袭击时,其目的是确保美国无力插手日本在亚洲的殖民野心。但这两者都源于日本海军与陆军之间由来已久的竞争。

这种内部竞争可以追溯到日本明治时代。1868年至1912年,日本从一个孤立的封建社会转变为一个现代的西方式国家。虽然海军和陆军都是在明治时代初期建立的,但是因政治竞争、资源竞争及阶级斗争(陆军倾向于在农村招募,而海军则来自更复杂的城市人口),双方关系紧张。

这一点首先体现在地缘政治方面。20世纪30年代,当两大对立派系出现时,陆军和海军对如何实现日本野心有着不同的看法。比较出名的是"北进政策"(Hokushin-ron)和"南进政策(Nanshin-ron)"——字面意思就是"北伐"和"南征"。这两派都主张夺取拥有丰富原始资源(尤其是石油)的领土,因为日本需要这些资源来推动经济增长。"北伐派"倾向于通过进军中国东北地区进而占领西伯利亚。这得到陆军的大力拥护,因为他们在这一军事思想中看到了争取荣誉的机会。与此同时,"南征派"据理力争,提出应夺取印度尼西亚群岛。这一设想需要将海军视为主要军事力量。

起初,"北伐派"占据上风,于1937年发动了侵华战争。然而,1939年日本陆军在诺门罕战役(the Batties of Khalkhin Gol)中被苏军击败后,进一步向北扩张不再可能。"南征派"获得发展势头。这为之后的偷袭珍珠港和太平洋战争铺垫了道路。

▲ 一架三菱制零式战斗机在日本海军"赤城号"(Akagi)航空母舰上准备起飞发动攻击

也离开甲板,飞向珍珠港中心的福特岛。预计到达时间为上午8点。

早上6:30

美军"沃德号"(Ward)驱逐舰在珍珠港入口处进行例行巡逻时,船员发现了一个身份不明的潜艇炮塔。"沃德号"指挥官、舰长奥特布里奇按照惯例放下深水炸弹。上午6点53分,他向瓦胡岛第14海军区司令部发了一条信息:"在防御海域发现了作业的不明潜艇,已放置深水炸弹。"这条消息足以使整个海军基地进入高度戒备状态。但是,那是热带天堂的一个周日清晨,美国并没有处于战争状态,没人理解奥特布里奇发的信息意味着什么。事实上,直到袭击开始前,人们才读到这条消息。

上午7:02

在瓦胡岛的北部海岸,遥远的奥帕纳雷达站(Opana Radar station),两名年轻的美国士兵约瑟夫·洛卡德(Joseph Lockard)和乔治·E. 埃利奥特(George E Elliott)注意到他们监视的雷达屏幕上方出现了神秘的微光。他们急忙向位于檀香山沙夫特纳堡(Fort Shaftner)的情报中心发出警告。大多数员工此时都在吃早饭。经验不足的新警官泰勒(Tyler)中尉接听了电话,告诉他们不要担心:一批美国B-17空中轰炸机将于当天上午从加利福尼亚州起飞,很可能提前了。他命令两名士兵关闭雷达站,返回基地。

上午7:15

此时,距离瓦胡岛340千米的日军舰队接到

▲ 袭击发生后,"西弗吉尼亚号"(West Virginia)的救援人员争先恐后地寻找幸存者

了发动下一波空袭的命令。再次作为目击者的千草写道:"第二批共167架战机一架接一架起飞……我看到所有的飞机都起飞了,衷心祝愿他们'好运'。第一条消息来自我们的一架巡逻机:'11艘主力舰都在珍珠港。'"尽管美军的3艘航空母舰都在其他地方,但日军仍有大量猎物可以选择。在停泊在珍珠港的军舰中,"俄克拉荷马号"(Oklahoma)是美国舰队中最优秀的战舰之一,拥有1398名军官和船员。早些时候,由于要接受检查,该舰从由平时的防御性停泊区转移到福特岛战舰编队以南。正因为如此,舰上所有的外部舷窗和内部舱口都打开了,因为这样更方便检查人员工作。在和平时期,这只是例行公事。但在战时,这可能导致灾难性的后果,后来发生的事也证明了这一点。

上午7:35

从崎岖的东海岸接近瓦胡岛时,由于山脉遮挡造成盲区,第一波日本战机并没有被美军雷达捕捉到。第一波日本飞机抵达该岛时完全没被发现。这一点对成功实施山本司令的计划来说是必不可少的,计划出人意料地顺利完成。指挥官渊田美津雄指挥了第一轮袭击。上午7点40分左右,他下达了"天庆"(Tenkei,进入战斗位置)命令,鱼雷轰炸机以每小时370千米的速度呼啸而过。他拉开鱼雷轰炸机的座舱盖,发射了一枚绿色照明弹。这是进攻的信号。

上午7:52

指挥官美津雄通过无线电向舰队发出"虎!虎!虎!"的信号。这是一个代码,意思是"最大的战略目标已经完成"。紧接着,日军发动了第一轮袭击。轰炸机、鱼雷机和战斗机遮天蔽日,开始狩猎它们的目标。随着同时进行的多次攻击命令的下达,爆炸声响彻整个岛屿。俯冲轰炸机袭击了瓦胡岛北部的卡尼欧亥海军航空站(Kaneohe Naval Air Station)。大批俯冲轰炸机和战斗机在波纹管空军基地(Bellows Air

重达 800 千克的炸弹精准打击了"亚利桑那号"。紧接着，战舰弹药库爆炸。爆炸后产生的巨大火球直冲到 150 米高的空中。

▲ 这张详细的绘有珍珠港的日本地图被发现于一艘小型攻击潜艇内

Field）上空呼啸而过。停靠在地面的飞机爆炸起火，惊恐的机组人员在高爆弹咆哮声和机枪火舌中四散逃窜。

整个瓦胡岛乱成了一锅粥。与此同时，在空中畅行无阻的日本战机和当天上午早些时候从美军"企业号"航空母舰上起飞的飞机撞个正着。当时这批飞机虽准确抵达目的地，但并未携带武器。当他们竭力想在福特岛上着陆时，岛上的美军开始奋力反击。他们被敌军和友军的火力双面夹击。

上午8:02

在一枚鱼雷将"内华达号"战列舰左舷划开一个大洞后，舰上的高射炮手们开始向日本战机开火。"亚利桑那号"上的炮手和停泊在它旁边的"维斯塔尔号"（Vestal）修理船也进行了还击。在左舷被鱼雷击中后，"加利福尼亚号"（California）战列舰开始下沉。是时候让高空轰炸机在战舰编队上空开始他们的表演了。

上午8:08

当地广播电台KGMB中断了正常的音乐节目，并宣布："全体陆军、海军和海军陆战队队员立即就位。"此时此刻，日军高空轰炸机正在3000米高空发射延信穿甲弹。日本空军少尉金井本升投放了一枚重达800千克的炸弹，对"亚利桑那号"进行了精准打击。紧接着，舰上弹药库爆炸。爆炸后产生的巨大火球直冲到150米高的空中。强大的战舰严重扭曲变形，舰体断裂，发出巨大声响。不到9分钟，战舰与1177名士兵葬身太平洋。"俄克拉荷马号"位于大约两艘船的距离之外，是下一个攻击目标。在被几枚鱼雷击中后，爆炸将它的船体撕开一个大洞。由于舷窗和水密舱口一直打开着，海水迅速涌入船体。上午8点14分，船身倾覆。400多人被困在船内，甚至可以听到他们敲打船体的声音。救援人员努力而又绝望的搜救工作一直持续到深夜。

上午8:17

除了空袭，日军早些时间还派出了5艘双人小型潜艇从水下攻击停泊在福特岛的船只。第一艘在那天早上被"沃德号"击沉。"赫尔姆号"（Helm）是第一批逃离珍珠港的驱逐舰，它发现了被困在港口入口处礁石上的另一艘潜艇,并对其开火。在接下来20分钟内,又有一艘小型潜艇魂归大海。它们一艘接一艘地被淘汰出局。最具戏剧性的是,其中一艘被美军"莫纳汉号"(Monaghan)驱逐舰在珍珠港内撞沉。

上午8:50

日军中校岛崎重和率领第二波飞机由北边抵达战场,用战斗机、鱼雷机和轰炸机对该岛对面的军事目标进行打击。接着,第二轮袭击开始了。数十架俯冲轰炸机袭击了珍珠港的船只;高空轰炸机袭击了空军基地。同时,战斗机盘旋在岛屿上空,加强制空权。岛上多个机场的美军战斗机试图起飞对抗日军战机,但都被击毁在跑道上。如果说日军的第一轮袭击引起了瞬间混乱,那么第二轮袭击则造成了完全混乱。美军疯狂地向整个天空开火,但不幸的是,他们击落的飞机中还有友军的轰炸机,而且这些轰炸机没有携带任何武器。

上午9:05

KGMB电台发出紧急警告,要求夏威夷居民不要外出。与此同时,在珍珠港内,救援人员奋战在熊熊战火之中,在倾覆的"俄克拉荷马号"上展开救援工作。他们希望利用喷火灯切开厚厚的钢制船体,营救被困住的拼命求生的船员。

上午9:25

此时此刻,岛上的消防能力已消耗殆尽。停靠在干船坞的"肖号"(Shaw)驱逐舰被3枚

▲ 福特岛6号机库被炸起火后焚毁

炮弹击中。大火肆虐整艘战舰,但美军却对此束手无策。上午9点半后,当最后一架日本飞机消失在烟雾缭绕的地平线上时,大火蔓延到该舰的前置弹药库。随着另一个巨大的爆炸声划破夏威夷上方的天空,日军的突袭以美军遭受灾难性的打击而宣告结束。山本似乎达到了他的目的。珍珠港陷入一片火海。美军混乱不堪,曾经强大的太平洋舰队灰飞烟灭。

日军偷袭图解

日本海军如何发动历史上最具毁灭性的偷袭

第一波袭击
49架高空轰炸机
51架俯冲轰炸机
40架鱼雷轰炸机
43架战斗机

第二波袭击
54架高空轰炸机
78架俯冲轰炸机
36架战斗机

雷达侦测到敌情
上午7点2分,奥帕纳雷达站侦测到第一波飞机,但却被误认为是美军B17轰炸机。

第一波袭击
上午6点10分启动,183架飞机仅需15分钟就全部升空,并完成编队。

第二波袭击
上午7点20分,其他167架日军攻击机升空。这波后续攻击打击具体的军事目标。

惠勒机场
日军战斗机的第一个目标是惠勒机场。4分钟后,又袭击了珍珠港。

哈雷瓦机场
9架日军飞机被该基地的飞行员击落。

波纹管机场
8架零式战斗机发起攻击,击落2架美军战斗机。

美军"肖号"驱逐舰爆炸地点
这艘船正在干船坞进行修理。突袭尾声时遭到轰炸,最终导致其弹药库爆炸。

地图标注:奥帕纳雷达站、哈雷瓦机场、斯科菲尔德营地、惠勒机场、卡尼欧亥、伊娃机场、波纹管机场、珍珠港

日军九九式舰载俯冲轰炸机
在日本特遣部队的441架飞机中,153架是九九式舰载俯冲轰炸机。这种被同盟国认为早已过时的轰炸机,却对珍珠港造成了毁灭性打击。九九式舰载轰炸机载弹量为250千克。在整个"二战"期间,这种轰炸机击沉的盟军军舰数量比轴心国的其他飞机击沉军舰数量都要多。

战舰编队
有在袭击中幸存的船只吗?

"宾夕法尼亚号" — 损毁
"宾夕法尼亚号"停靠在干船坞时,日军曾多次尝试用鱼雷攻击其弹药库,但都失败了。该舰最终被炸弹炸

"亚利桑那号" — 沉没
在第一波袭击中,"亚利桑那号"被10架九七式鱼雷轰炸机攻击。一枚鱼雷击中了位于船首的弹药库,引起巨

"内华达号" — 严重损毁
尽管被鱼雷击中,但"内华达号"在攻击中最终逃离了战舰编队。后在第二波袭击中多次遭到俯冲轰炸机攻击。

"俄克拉荷马号" — 沉没
该舰在袭击早期被3枚鱼雷击中。倾覆时又被另外两枚鱼雷击中已倾斜的船体。船员们试图弃船逃生时被机枪扫射。

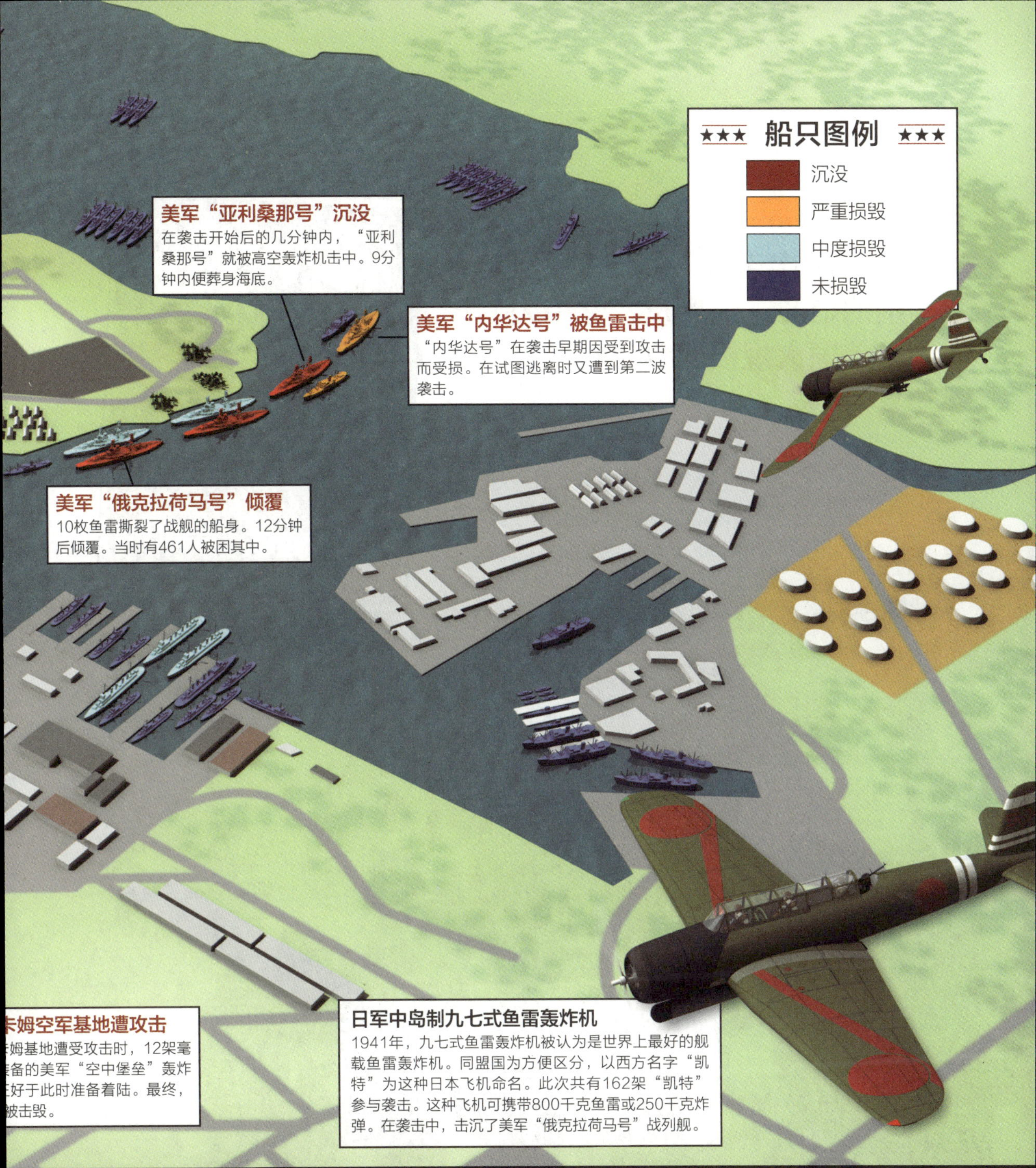

船只图例

- 🟥 沉没
- 🟧 严重损毁
- 🟦 中度损毁
- 🟪 未损毁

美军"亚利桑那号"沉没
在袭击开始后的几分钟内,"亚利桑那号"就被高空轰炸机击中。9分钟内便葬身海底。

美军"内华达号"被鱼雷击中
"内华达号"在袭击早期因受到攻击而受损。在试图逃离时又遭到第二波袭击。

美军"俄克拉荷马号"倾覆
10枚鱼雷撕裂了战舰的船身。12分钟后倾覆。当时有461人被困其中。

日军中岛制九七式鱼雷轰炸机
1941年,九七式鱼雷轰炸机被认为是世界上最好的舰载鱼雷轰炸机。同盟国为方便区分,以西方名字"凯特"为这种日本飞机命名。此次共有162架"凯特"参与袭击。这种飞机可携带800千克鱼雷或250千克炸弹。在袭击中,击沉了美军"俄克拉荷马号"战列舰。

希卡姆空军基地遭攻击
基地遭受攻击时,12架毫无戒备的美军"空中堡垒"轰炸机正好于此时准备着陆。最终,均被击毁。

"田纳西号" 损伤
"田纳西号"被两枚穿甲弹击中,两座炮塔损毁。第一枚炮弹引爆了停靠在其旁边的"西弗吉尼亚号"战舰的舰长。

"加利福尼亚号" 沉没
该舰于1944年被打捞上来,并进行了整修。该舰被鱼雷击中时,所有舷窗和舱口都打开着,导致海水涌入。3天后沉没。

"马里兰号" 损毁
战舰被两枚穿甲弹击中,炸弹在船体下方爆炸,导致海水涌入。但是,该舰并没有沉没。舰上船员进行了反击。两名长官和两名士兵牺牲。

"西弗吉尼亚号" 沉没
该舰于1944年整修后重返战场。5枚鱼雷击沉了"西弗吉尼亚号"。该舰被打捞上来时,舰内共有66具尸体。有迹象表明,其中一些人曾经存活了16天。

这次袭击本应摧毁美国的信心，但相反，它引发了美国大规模的复仇行动。

▼ 袭击发生后，数千名日本裔美国公民被迫进入了拘留营

上午10点,第一架日本飞机开始返回位于瓦胡岛以北300千米处的航空母舰;第二波飞机紧随其后。尽管指挥第一波袭击的指挥官美津雄坚持请求发动第三波攻击,但南云将军拒绝了他的请求。由于不确定美军航空母舰的位置,他担心日军舰队被发现后会遭到空袭。他不愿冒这个险,于是下令撤退。日军舰队退回到广阔的安全区域。几个小时前他们正是在这里出现的。

然而,由于有谣言称日军将会派出伞兵袭击,并派两栖部队登陆,夏威夷当地居民开始为应对攻击做准备。中午12点30分,檀香山警察局突袭了日本驻夏威夷大使馆,发现外交官们正忙着焚烧文件。与此同时,特工开始突袭夏威夷的日本住宅区,没收他们的无线电设备,因为美方担心这些设备可能被用来与日本军方通信,从而协助日军进一步实施袭击。当天晚些时候,夏威夷州(当时还不是美国的一个州)州长约瑟夫·波因德克斯特(Joseph Poindexter)与罗斯福总统通过电话协商后,宣布将夏威夷置于戒严令之下,将该岛的全部控制权移交给美国军方。

与此同时,瓦胡岛上一片狼藉。被焚毁的飞机残骸散落在跑道、军事建筑和民用建筑上,支离破碎。医护人员努力救治上千名伤者。在珍珠港,救援人员马不停蹄地拯救被困在倾覆的"俄克拉荷马号"船内的461名船员。经过数小时绝望的尝试,只有32名船员被从倾覆的船身内救出。

第二天,罗斯福在美国国会联席会议上发言,讲话内容如下:

袭击发生前,美利坚合众国就像一盘散沙。尽管还未从1929年华尔街崩盘和随之而至的经济大萧条中缓过来,但现在举国上下慷慨激昂。

战争数字

3581
美军在偷袭珍珠港事件中的伤亡人数

68 名平民在袭击中丧生

347 架美国飞机在袭击中被毁或损坏

29 架日军飞机在袭击中被毁

32 被困在"俄克拉荷马号"倾覆船体内的461名船员中只有32人获救。

1 名日本士兵被俘

90 袭击持续了90分钟

19 艘美国军舰和辅助船只在袭击中被摧毁或损坏

5 艘日本小型潜艇,参与了这次袭击。其中4艘被毁,1艘被俘。

1941年12月7日

向国会提交的议案

昨天，1941年12月7日，将永远成为国耻日。这一天，美国遭到日本海军和空军突如其来的蓄意攻击……日军昨天对夏威夷群岛的攻击造成了美国海军和军事力量的严重损失。我很遗憾地告诉各位，许多美国士兵为此牺牲。

昨天，日军对马来西亚发动了攻击。昨晚，日军进攻了中国香港、关岛、菲律宾群岛及威克岛。今晨，日军又进攻了中途岛。

由此，日军在整个太平洋地区采取了闪电袭击。昨天和今天的事实不言而明。美国人民对此已经有了自己的见解，并清楚地认识到这关系到我们国家的安全和生存……我要求国会宣布，自1941年12月7日，日本发动无端的卑鄙袭击开始，美国与日本之间的战争就已经开始了。

Franklin D Roosevelt

当全美积极响应"铭记珍珠港"的号召时，那些反对美国参与这场世界大战的意见一夜之间烟消云散。事实上，只有一名众议院议员反对罗斯福向日本宣战。

为生产大量的武器装备和弹药，美国经济进入超速运转状态。这就是后来被称为"国家军工综合体"诞生的原因。

3天后，日本的盟友德国和意大利对美国宣战。在不到一周里，美国国会第二次为参与战争投票。在第二次世界大战开战两年多后，美国参战。

日裔美国人的命运

此次袭击引发了美国公众和政府的反日运动，成千上万人因此受难。

几乎可以说袭击一结束，日裔美国人就成为了夏威夷乃至整个美国报复的对象。除了种族主义外，罗斯福总统于袭击发生后的74天后发布了9066号行政命令，无辜公民受到官方迫害。这迫使11万多日裔美国人离开他们位于美国西海岸的家园，并被分别送往美国广阔内陆偏远地区的10个拘留营。没有人被指控有罪，而被监禁的人中约有70%实际上是在美国出生的公民。

尽管政府将这些营地称为"搬迁中心"，但这里被带刺的铁丝网包围，由武装士兵守卫。被遣送的日裔美国人住在营区里，没有自来水和暖气，只有公共浴室。

大多数日裔美国人在这些集中营里一直被关到1944年，一条出路是加入美军。日裔美国人在隔离部队服役，其中第100步兵营最受认可。该部队的日裔美国士兵在欧洲表现出色，共获得18413项个人奖，其中包括21枚荣誉勋章——这是美国军队对个人的最高奖赏。由于规模大、服役期长，第100步兵营成为美国陆军中最精锐的部队。

决定性时刻

广岛原子弹爆炸,
1945年8月6日

美国向日本广岛投下了第一颗因战争而投放的原子弹,造成7万多人死亡。

第一颗原子弹

目击者

范·柯克（Van Kirk）

荷兰人范·柯克在非洲和欧洲执行了58次任务后，被调到第509综合小组。他是"埃诺拉盖伊号"（Enola Gay）上的领航员。1945年8月6日，"埃诺拉盖伊号"向日本广岛投下了第一颗原子弹。2014年，他在93岁高龄时，回顾了这些往事。

投放原子弹这件事，我感觉不是太好，但是我也没有感到太难过。受轰炸的原本也有可能是我们……

西奥多·范·柯克平时的绰号是"荷兰人"，如今他正受失眠的困扰。虽说每次执行任务之前，睡不着觉是很常见的事情，但那天晚上，驻扎在太平洋小岛提香上的"荷兰人"和他的11名机组人员比大多数人都更有理由失眠。这一天是1945年8月5日；第二天上午，他们将在广岛投下第一颗原子弹。

为了打发时间，导航员"荷兰人"、投弹手汤姆·费莱比和飞行员保罗·蒂贝茨一起玩扑克牌。这颇具预言的意味，因为再过几个小时他们将会再次赌博——但这次的赌注可要高得多。

前一个月，美国刚刚在新墨西哥州进行的三一试验中成功引爆了第一个核装置。"荷兰人"和所有机组人员一样，在犹他州的文多弗空军基地接受了几个月的强化训练。不过，毋庸置疑的是，他们将要做的事情是从来没有在战争中尝试过的。没错，"荷兰人"回忆："一位原子科学家告诉我们，如果原子弹爆炸时飞机在14.5千米以外，我们认为你们是安全的。"当被问及他如何理解"认为"一词的含义时，他坦诚地回答："我们也不知道。"

"荷兰人"是由他的前指挥官亲手挑选加

破坏倒计时

1945年7月16日

5:29 ● 第一次爆炸
美国科学家在三一试验场成功引爆了第一枚核装置

7月28日
● 日本政府拒绝接受《波茨坦公告》中提出的投降条件

8月5日

14:00 ● 暴风雨来临前的宁静
范·柯克和其他机组人员收到投下原子弹的信号后,试着补充睡眠

15:00 ● "小男孩"炸弹被装载到"埃诺拉盖伊号"上

18:00 ● 范·柯克、费莱比、蒂贝茨等人难以入睡,开始打扑克牌

22:00 ● 机组人员起床,为飞往广岛的航行做准备

8月6日

0:00 ● 范·柯克和航空员们在收到最后一次作战指示后走向"埃诺拉盖伊号"

1:37 ● 天气预报
3架气象飞机离开蒂尼安岛上的诺斯菲尔德空军基地,确认天气情况良好

2:45 ● "埃诺拉盖伊号"起飞,随后3架B-29参加了第13号特别任务

5:52 ● 装载原子弹"小男孩"
飞机在硫黄岛上空飞行。"埃诺拉盖伊号"的备用飞机"绝密号"降落在该岛。已装载原子弹"小男孩"

7:30 ● 气象飞机解除警报,"埃诺拉盖伊号""伟大艺人号"和"91号"驶往广岛

8:13 ● 飞行员保罗·蒂贝茨把控制权交给了投弹手汤姆·费莱比,让他引爆

8:15 ● 释放原子弹
投掷原子弹"小男孩"。43秒后,它在广岛上空600米处爆炸。不久后,"埃诺拉盖伊号"经历了一次冲击波

15:00 ● 完成任务
"埃诺拉盖伊号"在蒂尼安岛着陆,任务圆满完成。保罗·蒂贝茨获得杰出服务十字勋章

▲ "埃诺拉盖伊号"的12名机组人员中的7人:"荷兰人"范·柯克是左起第三位,目视下方;他旁边是飞行员保罗·蒂贝茨

入第509综合小组的。该小组的任务是部署核武器。"过去我和保罗·蒂贝茨一直在英国执行飞行任务。我们搭载德怀特·艾森豪威尔将军(后来成为美国总统)从(英国南海岸的)休恩飞往直布罗陀,指挥对北非的入侵。然后我们分开了,做着各种各样的事情。例如,我在一所航空学校给其他导航员授课;蒂贝茨被选中指挥第509军。就在那时,他找到了原来在第97军(轰炸团)一起工作过的几个同事。"

历史书经常描绘这样一幅画面:美国政府和其他盟国在决定使用原子弹的最后时刻还在焦虑不安。事实上,尽管日本在7月26日收到了最后通牒(两天后日本表示拒绝),但"荷兰人"认为,这是预料之中的结果:"我知道,(1945年)2月我就会投下原子弹。这并不意外。在投下原子弹之前,我们被派往蒂尼安的美国空军基地待了大约一个月,只是为了保证身体健康。"

晚上10点左右,机组人员被从营房叫出,早早地吃了早餐,然后接受了最后一次作战指

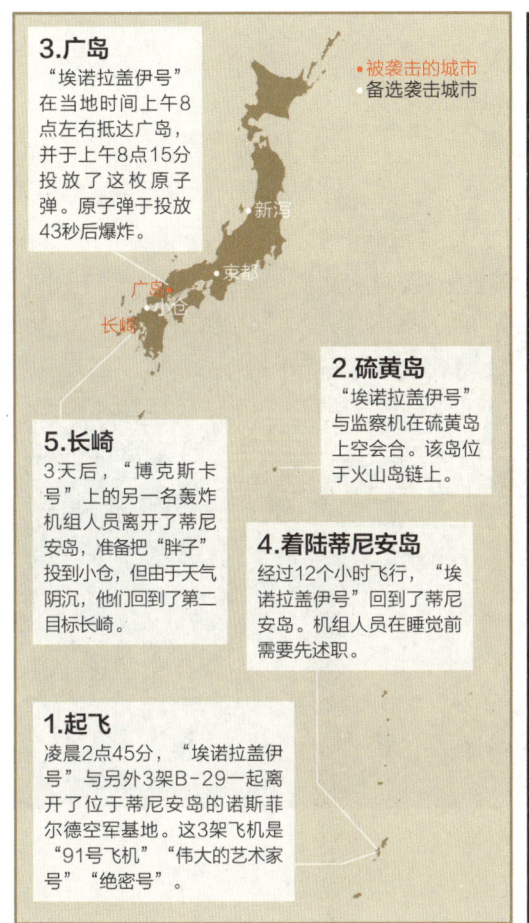

3. 广岛
"埃诺拉盖伊号"在当地时间上午8点左右抵达广岛,并于上午8点15分投放了这枚原子弹。原子弹于投放43秒后爆炸。

被袭击的城市
备选袭击城市

2. 硫黄岛
"埃诺拉盖伊号"与监察机在硫黄岛上空会合。该岛位于火山岛链上。

5. 长崎
3天后,"博克斯卡号"上的另一名轰炸机组人员离开了蒂尼安岛,准备把"胖子"投到小仓,但由于天气阴沉,他们回到了第二目标长崎。

4. 着陆蒂尼安岛
经过12个小时飞行,"埃诺拉盖伊号"回到了蒂尼安岛。机组人员在睡觉前需要先述职。

1. 起飞
凌晨2点45分,"埃诺拉盖伊号"与另外3架B-29一起离开了位于蒂尼安岛的诺斯菲尔德空军基地。这3架飞机是"91号飞机""伟大的艺术家号""绝密号"。

起源和后果

1939年,阿尔伯特·爱因斯坦和其他物理学家警告称,德国即将建造自己的核弹。随后,美国开始研制核弹。1941年,"曼哈顿计划"开始实施。到1945年7月,美国在三一试验中成功引爆了第一个核装置。此时,德国已经投降,所以同盟国的目标只瞄准了最后一个轴心国:日本。日本拒绝了最后通牒,因此同盟国认为他们只有两个选择:要么全面入侵,要么使用核弹。而他们选择了后者。这仍然是有史以来最具争议的军事决定之一。但许多人认为,从长远来看,入侵日本会夺去更多人的生命。

▲ "小男孩"产生的能量相当于1.5万吨TNT炸药产生的能量

当我们回头看时,我们看到广岛只有黑烟和灰尘。

示,并对"埃诺拉盖伊号"进行了最后的检查。"荷兰人"记得他们吃了菠萝馅饼,因为他一点也不喜欢吃,但保罗·蒂贝茨喜欢吃。虽然在选择早餐的问题上,他和他的指挥官意见不一致,但他对蒂贝茨赞不绝口——蒂贝茨驾驶经过特殊改装的B-29轰炸机前往广岛,并安全返回。

"他是一名出色的飞行员。正是因为技术过硬,他在欧洲和非洲多次救了机组人员。在登上飞机的那一刻,他就变成了飞机的一部分。和保罗·蒂贝茨一起飞行时,你不必擦亮鞋子,也不必熨平裤子……可一旦你登上飞机,你最好清楚自己在做什么!"

很难想象坐在"埃诺拉盖伊号"上的人在凌晨2点45分起飞时的心情,但在"荷兰人"的眼中,这次任务和以往任何一次都是一样的。"我们在水域上方飞行了很长一段距离,途中将硫黄岛作为检查站。如果在硫黄岛和日本之间迷路,你就是个差劲的导航员!飞机上的每个人都在做

▲ 蒂尼安岛上的诺斯菲尔德空军基地接待了15架改装B-29飞机及其机组人员

自己的事。举个例子,我记得汤姆·费莱比正在打盹,而我们的广播员正在读一本关于拳击手的侦探小说。每个人都在确保自己做了该做的事,并且做对了。"

"埃诺拉盖伊号"和"博克斯卡号"(在长崎投下原子弹的飞机)被载入史册,但"荷兰人"敏锐地指出参与的飞机不止这两架。的确,7架飞机参与了8月6日在广岛执行的13号特殊轰炸任务。3架观察机打头阵,确保各方条件合适,在硫黄岛待命的"绝密号"是"埃诺拉盖伊号"的候补飞机;而另两架飞机——"伟大艺人号""91号"(后来被命名为"必要罪恶号")协助"埃诺拉盖伊号"完成全部操作。

"'伟大艺人号'在我们投放原子弹时还投下了一些仪器。但是如果你问我这些仪器的名字,我不能说。我总是叫它们'测爆计',因为那就是他们在测量的东西。另一架飞机("91号")带着一个大相机在我们后方32千米处飞行,以便拍下爆炸的照片。不幸的是,那天相机坏了。所以我们看到的最好的照片是那架飞机上的导航员用手持相机拍的。"

这3架飞机于上午8点左右安全抵达广岛。这座城市被列为首要目标出于以下几个原因:有大量的军事设施和军队;这里是一个繁忙的港口;这里有许多工厂供应大量的材料,这些材料可以在日本遭受侵略时用来保卫日本。广岛以前从未成为盟军的目标,因此后来记录的任何破坏都可以完全归因于原子弹。而对广岛市民来说,不幸的是,这也意味着日本当局不曾质疑那里发生了袭击——即使他们已经毫无疑问地看到了由

▲ 原子弹对广岛造成的破坏是空前的

3架B-29组成的小型飞机中队正在逼近……

在实际的投弹过程中,蒂贝茨将"埃诺拉盖伊号"的控制权交给了"荷兰人"的朋友、投弹手汤姆·费莱比少校。当原子弹"小男孩"(实际上并不是那么小,重量为4400千克)被投下后,飞机经历了一股上升的冲劲,但是蒂贝茨成功地稳住了B-29,并匆忙撤退。

"我们做了一个150度转弯,这是我们练习过很多次的动作。我们踩下油门,想要离开。所有人都紧紧抓住某样东西,为马上就要发生的剧烈晃动做准备。不管是飞机上的人还是东西,都有可能飞起来,所以我们都要确保自己处于正确的位置,并戴好护目镜。"爆炸发生时,他们离爆炸地点大约14.5千米,爆炸发生在43秒后。

"我们在引擎上什么也听不见,但我们看到了一道明亮的闪光。在那之后不久,我们感受到了第一波冲击波。"

离世界末日

决定性时刻

古巴导弹危机，
1962年10月16日

美国总统肯尼迪得知苏联正在古巴建造导弹基地。在接下来一周半的时间里，世界差点陷入了一场核战争。

还有 13 天

在冷战高潮时期，古巴成为苏联和美国之间致命对峙的支点。

1962年10月，世界濒临毁灭。在冷战局势最激烈的时期，苏联在叛乱的古巴共和国部署了中程弹道导弹，这一举动被美国发现，之后两国意识到双方陷入了紧张的对峙当中。在可怕的13天里，这两个超级大国一直处于核战争的边缘，它们彼此都很清楚，一旦爆发战争，就会造成毁灭性后果，十分令人担忧。对苏联人来说，历史上这一黑暗时期被称为加勒比危机；对古巴人来说，这是十月危机；但是，对美国和世界上的许多国家来说，这就是所谓的"古巴导弹危机"——这个词意味着难以想象的冰冷和恐惧，世界只是勉强躲过了一劫。

到这一危机出现的时候，美国和苏联的冷战已经持续了将近20年。冷战是在第二次世界大战以后正式开始的，有些人甚至将冷战追溯到第一次世界大战。这次危机并不是一场普通意义上的冲突，因为它主要是通过间谍活动而不是依靠军事力量展开的。1945年后，苏联加强了对社会主义国家的控制，而美国则试图通过北约（NATO）等国际组

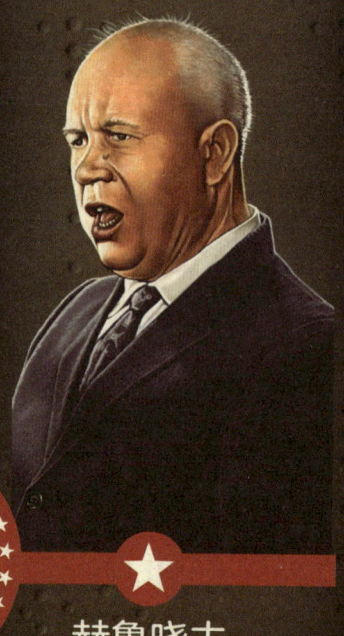

肯尼迪 V 赫鲁晓夫

政治立场

1960年，肯尼迪成为民主党总统。他的目标是废除学校和其他公共场所的种族隔离制度，并放宽移民法。他加强了失业救济，并呼吁世界各国团结起来与贫困、饥饿和疾病做斗争。他还敦促美国人成为积极的公民，他有句名言："不要问你的国家为你做了什么，而要先问你为你的国家做了什么。"

赫鲁晓夫在1958年到1964年任苏联共产党的第一书记。他主张让共产党远离斯大林主义，结束了强迫式劳动，关闭了古拉格集中营。他是苏联太空计划的早期支持者，并倡导一些相对自由的国内政策，比如允许更大限度的艺术自由，为普通苏联人提供出国旅游的机会。

外交政策

在冷战高潮时期，担任美国总统的是肯尼迪，他是一位强烈的反共主义者。他与发展中国家的共产主义做斗争，并引入了太空竞赛，其目的既是为了取得科学成就，也是为了先于苏联登上月球。除了古巴导弹危机以外，肯尼迪政府还对越南共产党进行了干预。继古巴之后，肯尼迪领导的美国与苏联和英国谈判达成了一项禁止核试验条约。

1960年，赫鲁晓夫任命自己为苏联驻联合国代表团团长。有人指控他使用双重标准，他一方面声称反对殖民主义，另一方面又试图在东欧、东南亚和第三世界实行统治。第一次载人航天飞行的成功促使全世界都推断苏联的核武器计划会超前完成。赫鲁晓夫很高兴，并没有试图去纠正人们的这种想法。

军事经验

1941年至1945年，肯尼迪一直在美国海军部队服役。珍珠港袭击发生时，他还在海军部长办公室工作，但随后他在巴拿马和太平洋战争中参加了战斗，指挥鱼雷船，并获得中尉军衔。此外，他还获得了紫心勋章和"二战"胜利勋章。由于背部多次受伤，最终他不再参加战斗。

在俄国内战（1917—1922）和"二战"期间，赫鲁晓夫担任红军政治委员。军衔等级大致相当于一个部队指挥官，但政治委员有权在必要的时候撤销指挥官的命令。赫鲁晓夫的主要职责是在军队和莫斯科之间充当政治中间人。1942年，他在斯大林格勒保卫战中参加战斗，并为之自豪终生。

顾问

肯尼迪的主要顾问包括副总统林登·约翰逊（Lyndon B Johnson）、国务卿迪安·腊斯克（Dean Rusk）、参议院多数党领袖迈克·曼斯菲尔德（Mike Mansfield）、国防部长罗伯特·麦克纳马拉（Robert S McNamara）和司法部长罗伯特·肯尼迪。在古巴导弹危机期间，肯尼迪总统召集组建了特别咨询委员会执行会，包括上述所有人、美国驻苏联大使卢埃林·汤普森（Llewellyn Thompson）及中央情报局和国防部的成员。

赫鲁晓夫上台后，在完全没有征求顾问们意见的情况下就独自决定了苏联的政策。当然，可能有人认为这是一种弱点，因为他这么做就等于是在做决策时略去了与他人协商的过程，而他人的意见很可能是有价值的。但在古巴导弹危机中，这一点起到了积极的作用，危机发生时，他头脑冷静，寻求和平谈判，因此避免了一场全球性灾难。

织来遏制苏联。在此期间，这两大对手在拉丁美洲、非洲非殖民化国家、中东和东南亚为争夺控制权和影响力进行了数年的较量，而这次在古巴，两大对手之间的冲突达到了白热化的程度。

古巴导弹危机的直接根源在于1959年古巴政权的更迭：这场革命推翻了现任独裁者富尔亨西奥·巴蒂斯塔（Fulgencio Batista），古巴革命军（Cuban Revolutionary Army）的共产党总司令菲德尔·卡斯特罗被任命为总理，后来又担任了总统。作为巴蒂斯塔和其他拉美独裁主义的支持者，美国政府突然发现，卡斯特罗在与他们开展外交关系时，对他们提出了严厉的批评。于是作为回应，他们企图暗杀卡斯特罗，但最终失败了。在那之后，卡斯特罗便要求美军完全撤出关塔那摩湾。美国拒绝了这一要求，并继续留在那里，于是这里便成了美国唯一一个没有得到官方认可的军事基地。

1959年春天，卡斯特罗前往美国会见艾森豪威尔总统，但遭到了冷落，最终只会见了副总统尼克松。他们的会晤并不顺利，因为当卡斯特罗向联合国宣布古巴将在美苏关系中保持中立时，古巴进一步疏远了美国。不出所料，后来古巴的财富再分配政策也不受美国人的欢迎。美国人在古巴拥有土地，但只能眼睁睁地看着这些土地以他们并不满意的补偿价格从手中被夺走。于是，美国中央情报局又一次企图暗杀卡斯特罗，但仍然以失败告终。1959年10月，美国军方开始对古巴糖厂进行秘密轰炸，意在摧毁该国这一

▲ 这些示威者是1962年"妇女争取和平运动"的部分参与者

猪湾事件
入侵失败引发危机

发生缘由

- 古巴革命家菲德尔·卡斯特罗推翻独裁者富尔亨西奥·巴蒂斯塔政权后，美国对古巴政治的新左翼发展方向感到担忧。
- 美国非常关注对巴蒂斯塔支持者的审判和处决。
- 卡斯特罗毫不避讳地站在了美国的对立面。

问题出在哪里？

中情局于1961年11月发布的一份报告中列出了导致猪湾入侵失败的一系列原因。该报告的作者监察长莱曼·柯克帕特里克（Lyman B. Kirkpatrick）指出，这次入侵失败的主要原因是缺乏合适的政策或应急计划。被派来参加本次行动的人员数量不够，队伍管理不善，甚至很少有人会说西班牙语。美国对在古巴获取的情报也分析不当。没能成功地组织古巴的内部抵抗，也没能控制好逃离卡斯特罗政权的流亡者及反革命分子。这次行动搞得实在是太大了——从秘密的游击行动跳到了全面的军事干预，这使得"看似合理的否认"变得完全不可能。

事件发生的时间线

● 入侵前奏
1961年4月16日

美国在古巴其他地区进行了一系列活动来转移古巴人的注意力，目的是掩盖其真实意图。其中包括4月16日在巴拉科阿（Baracoa）和关塔那摩（Guantánamo）附近发生的"假战"。古巴革命武装力量争先恐后地与美国攻击者展开战斗，其激烈程度超出了美国的预期。

● 第一天
4月17日

1400名美国士兵、4艘运输船和一队小型玻璃船进入猪湾。古巴用战斗机和轰炸机做出回应。美国伞兵被空投至古巴岛，但却降落在了一片沼泽地，他们失去了所有的装备。对抗卡斯特罗政权的古巴领导人奥斯瓦尔多·拉米雷斯（Osvaldo Ramirez）被卡斯特罗的支持者抓获并当场处决。

● 第二天
4月18日

古巴军队、坦克和民兵迫使侵略者和抵抗者撤出了数个地区。美国中央情报局的B-26轰炸机飞行员瞄准古巴投放炸弹、凝固汽油弹和火箭，造成平民、警察以及军人的伤亡。

● 第三天
4月19日

美国中央情报局又一次对古巴进行空袭，古巴军队进行激烈防御，四名美国空军士兵丧生。陆地上的反卡斯特罗部队因失去了空中支援，弹药不断耗尽，被迫在古巴的猛烈进攻下撤退，落荒而逃。就这样，美国撤出了入侵活动。

● 最终结果
4月20日之后

美国驱逐舰沿着古巴海岸搜寻幸存者，同时用侦察机搜集情报。为了打击报复敌对势力，古巴发生了数百起处决事件，卡斯特罗看着捕获的俘虏喜不自胜。他希望和美国达成一项交易，即用这些俘虏来换取几台拖拉机。经过谈判，美方最终同意用食品和药物来进行交换。

最有利可图的出口产品。随后，美国又袭击了古巴的炼油厂和哈瓦那（Havana）的民用产业，但美国官方对此一口否认。

1960年2月，卡斯特罗与苏联副总理阿纳斯塔斯·米高扬（Anastas Mikoyan）签署了一项贸易协议，希望这能让他在美国获得更大的影响力。然而事实正好相反，美国总统艾森豪威尔对自命不凡的古巴忍无可忍，下令中央情报局推翻古巴共和国。苏联总理赫鲁晓夫公开表示支持古巴。美国又发动了三次暗杀卡斯特罗的行动，但均未获得成功，其中一次还涉及了黑手党（Mifia）。1961年4月，美国对古巴实施了全面的贸易和经济制裁，并试图秘密入侵古巴。新上任的美国总统约翰·肯尼迪坚持否认有任何此类活动，但之后美国媒体也开始关注此事，消息便逐渐传开了。赫鲁晓夫发出警告称，苏联将干预美国对古巴采取的任何侵略活动，猪湾事件彻底溃败，造成200名士兵丧生、几千人被俘，在这之后美国被迫取消了入侵行动。

经过这一事件，苏联人便认为肯尼迪软弱无能，因此他们利用这段间歇期抓住了机会。1962年8月，开始有消息从古巴传到美国，称在

▲ 一群帮助抵抗猪湾入侵的古巴士兵

古巴发现有苏联卡车装载可疑设备。为了报复美国在苏联附近安装核导弹的行动，苏联也在加勒比地区安装了核导弹设备。他们在岛上安装了数量可观的SS-4核弹头——足以发射到美国东海岸和华盛顿特区。赫鲁晓夫最初声称，他们只是在为古巴提供非核地对空导弹，以防御其敌对邻国，但他的真正意图是为了在对抗美国和欧洲时获得更强大的政治立足点。

肯尼迪的对策是成立执行委员会（EXCOMM），即国家安全委员会执行委员会，该委员会提出了六种选择。第一，什么都不做，这显然是不可能的；第二，利用外交手段，但这已经行不通了；第三，对卡斯特罗进行暗杀，但这基本达不到预期的效果；第四、第五，分别是对古巴发动战争或占领古巴，但两者都存在巨大的风险。因此，他们最终决定采取第六种做法，即封锁该岛，尽管出于法律原因，这一举动被他们鼓吹为是对古巴的"隔

> 针对暗杀企图和哈瓦那袭击事件，美国官方予以否认。

历史上最长的13天

对古巴导弹危机事件的逐日报道

● **10月16日**
肯尼迪总统和他的员工通过侦察照片得知苏联正在古巴建设导弹基地。肯尼迪继续依照公开日程进行活动，同时秘密讨论是否发动空袭或封锁古巴海岸。

● **10月17日**
肯尼迪继续他的官方公开活动，他觉得当下重要的是继续保持露面而不是引起关注。他与利比亚王储哈桑共进午餐，并访问康涅狄格州支持民主党候选人。

● **10月18日**
苏联外交部长安德烈·葛罗米柯坚称，苏联对古巴的援助纯粹是出于国防目的，并不是为了威胁美国。肯尼迪向葛罗米柯发出警告，称如果在古巴领土上发现苏联的核武器，那后果将不堪设想。

● **10月19日**
导弹危机开始浮出水面，肯尼迪按照在这之前制定好的计划，前往俄亥俄州和伊利诺伊州参加国会竞选活动。在肯尼迪外出访问期间，他的顾问们继续就古巴的最佳行动方案展开激烈讨论。

● **10月20日**
肯尼迪返回华盛顿，经过5个小时的紧张讨论，最终决定封锁或"隔离"古巴。于是，相关工作就开始了，他着手调派海陆军队，同时还起草了一份向公众告知相关情况的讲话稿。

● **10月21日**
苏美双方又进行了一系列的面议和电话交谈。战术空军指挥官沃尔特·斯威尼提醒肯尼迪说，空袭古巴不能保证摧毁苏联所有的地面导弹。

◀ 阿德莱·史蒂文森（Adlai Stevenson）在向联合国安理会展示古巴核导弹照片

▶ 像"木星火箭"这样的核导弹被部署在土耳其和意大利

▼ 空军战略指挥人员查看侦察照片

● 10月22日
中将目前的危机⋯⋯英国首相哈罗德·麦克米伦（Harold Macmillan），并写信⋯⋯鲁晓夫。肯尼迪⋯⋯写道："无论⋯⋯是其他任何一⋯⋯健全的人都不⋯⋯故意把整个世⋯⋯一场任何国家⋯⋯打赢的战争⋯⋯他还在美国发⋯⋯视讲话。

● 10月23日
美国的"隔离"船驶入古巴周围，而苏联的潜艇也潜伏在附近。肯尼迪要求赫鲁晓夫阻止所有苏联船只接近古巴。罗伯特·肯尼迪到苏联大使馆去会见大使。

● 10月24日
赫鲁晓夫在给肯尼迪的回信中充满了敌意，他抱怨美国在使用恐吓手段。这位苏联总理写道："你这是在无理取闹，你竟然威胁说，如果我们不屈服于你的要求，你就要使用武力。"

● 10月25日
肯尼迪写信给赫鲁晓夫，敦促苏联从古巴撤军，与此同时，他拒绝了联合国秘书长吴丹（U. Thant）提出的要求双方步入"冷却期"的建议，因为苏联的导弹会继续留在古巴。美国和苏联在联合国进行了激烈的辩论。

● 10月26日
卡斯特罗写信给赫鲁晓夫，强烈建议他，即使这意味着要以灾难性的武力表明立场，也决不要让步。但是赫鲁晓夫联络到肯尼迪并提出了一个解决方案：美国拆除部署在土耳其和意大利的核武器，作为交换，苏联也会从古巴撤军。

● 10月27日
一架美国U-2飞机在古巴领空被苏联导弹击落，飞行员丧生。与此同时，一艘载有核弹头的苏联潜艇也遭到了袭击。罗伯特·肯尼迪秘密会见了苏联大使，双方谨慎地达成了协议。

● 10月28日
莫斯科广播电台宣布，苏联同意离开古巴，但前提条件是美国保证永远不能再试图入侵古巴，且承诺将其大规模杀伤性武器（WMD）从苏联附近的地点撤出。卡斯特罗从公共电台得知这一消息后勃然大怒。

▲ 1962年10月，一架尼普顿战机飞过一艘苏联运输船

离"，但实际上这后来被看作战争行为。

1962年10月22日晚上7点，肯尼迪通过美国电视和广播宣布对古巴的"隔离"政策立即生效，停止向古巴运送所有进攻性军事装备。5000名美国士兵被派往关塔那摩军事基地，同时派去的还有空降部队和海军部队。卡斯特罗也开始动员古巴军队，赫鲁晓夫声称这一"隔离"政策是美国跟踪苏联潜艇B-59的敌对活动并开始进行军事演习，他威胁说，如果美国不离开古巴，那他们极有可能与美国开战。

第二天，美国飞机查明苏联确实在对导弹进行发射测试，于是美国军舰在古巴海岸线附近就位，禁止任何船只靠近该岛。10月25日，肯尼迪在写给赫鲁晓夫的信中声称如果苏联不把导弹从古巴领土上运走，双方将全面开战。10月26日，赫鲁晓夫对此做出了最终回应，提出一个妥协方案：苏联将撤出其部署在古巴的核武器设备，作为交换，美国须保证永远不会再入侵古巴或支持其他任何国家这么做。

肯尼迪表示愿意以此为基础进行一系列严肃的谈判，但是卡斯特罗却表现得很冷淡，仍然不肯相信肯尼迪。他在给赫鲁晓夫的信中概述了他自己的观点，即美国最终将不顾双方达成的协议而入侵古巴，同时他全权委托苏联，让苏联继续将导弹留在古巴，作为古巴的第一道最佳防线和威慑力量。"我认为帝国主义的侵略是极其危险的，"卡斯特罗在信（现在被称作"世界末日的信件"）中说道，"如果他们真的违反国际法和道德对古巴实施野蛮的侵略，那就到了通过一种最合法的自卫行为来永远消除这种危机的时刻，不管采取的措施是多么严酷可怕。"

10月27日，美国空军少校鲁道夫·安德森（Rudolf Anderson）误入古巴领空，他驾驶的F-102战斗机被击落，他也不幸身亡。此外，试图

封锁该岛的决定（出于法律原因）被视为对古巴的"隔离"。

探知该地区位置的美国侦察机也从地面遭到射击,而与此同时,加勒比水域下也正在发生危险。美国海军驱逐舰"比尔号"(USS Beale)投下深水炸弹,命中数个目标。然而,"比尔号"的船员并不知道苏联潜艇B-59也正携带着一枚1.5万吨的核鱼雷。由于空气耗尽,还被船只包围,B-59潜艇无法浮出水面,军官们绝望地发射完了全部弹药,之后,船长瓦西里·阿尔希波夫(Vasili Arkhipov)成功说服战友放下武器投降。可能就是他的这一举动拯救了整个世界。

没有任何人征求过卡斯特罗的意见,当他从广播中得知苏联撤军的消息时,非常愤怒。

就在这一切发生时,肯尼迪又收到赫鲁晓夫的一封信,信中表示如果美国从土耳其撤回其军事武器,那他们也会从古巴撤回。对美国飞机的袭击并没有得到苏联官方的批准,而只是得到了独立行动的指挥官的命令。苏联似乎面临着失去对自己军队控制的危险,倘若这一情况真的发生,可能会造成灾难性的后果。

肯尼迪回应赫鲁晓夫并接受了他的条件:承诺如果苏联拆除导弹,美国就决不再入侵古巴,

核打击
古巴导弹可能会落在哪里?

目标:多伦多
古巴的导弹本可以到达多伦多,但加拿大在冷战中的角色与美国往往略有不同。加拿大的几位总理主张维持和平局面、采取外交政策并支持非北约盟国,且不像美国那样顽固。

目标:华盛顿特区
华盛顿是美国的政治中心,是白宫和五角大楼所在地。2012年,有关古巴导弹危机的文件展览会在这座城市开幕。

目标:纽约
纽约是重要的金融和文化中心,为了实现有效防御,在纽约周围部署的导弹数量一度超过了华盛顿。然而,纽约也是左翼反主流文化的场所,这些武器同时也引发了抗议。危机爆发的第一个晚上,鲍勃·迪伦(Bob Dylan)在格林尼治村演唱了歌曲《我走后你会想念我》。

目标:佛罗里达州
随着危机的加剧,南佛罗里达州的军队做好了战斗准备。当地士兵亨利·麦克(Henry Mack)回忆说,这13天是"他一生中最孤独的日子",他如果不能恰当地应对任何来袭飞机的挑战,就准备发射核导弹。谢天谢地,一直没出现他必须按下按钮的那一刻。

4074千米
1889千米
1167千米

加拿大 美国 大西洋 墨西哥湾 古巴 太平洋

◀ 苏联的这些导弹于1962年10月被部署在古巴

B-59 的军官们离发射他们的有效载荷仅仅一步之遥。

▲ 肯尼迪签署《古巴封锁宣言》

▶ 在莫斯科红场，一枚苏联核导弹正在被展示

并在秘密补充条款中同意将美国威胁苏联的导弹撤出土耳其。赫鲁晓夫后来透露，肯尼迪还提出从意大利撤走美国的核武器，然而这只是一个象征性的表态，因为美国部署在意大利的武器早就过时了。

10月28日上午9点，莫斯科电台播放了赫鲁晓夫的电文，他表示，苏联将立即停止在古巴武器基地的活动，拆除建在当地的军火库并迅速将武器撤回。肯尼迪如释重负，立即做出回应，承诺遵守协议，并称赫鲁晓夫的决定是"对和平所做的重要建设性贡献"。苏美任何一方都没有提前征求卡斯特罗的意见，因此当卡斯特罗像普通大众一样从电台得知这一消息后，非常愤怒。

美国对古巴的"隔离"并未立即结束，空中侦察仍在继续，为的是监视苏联人是否遵守承诺正在收拾行囊。所幸这一切都很顺利，苏联把导弹及其支援设备成功地装上8艘船，于11月5日至9日离开了古巴水域。11月20日，封锁正式结束，次年4月，美国也从土耳其撤走了其部署的核导弹。卡斯特罗感到非常愤怒，苏古关系也因此明显冷淡了许多，但事实上，他的地位却在这场危机中得到了巩固。美国现在不能攻击古巴或卡斯特罗个人，否则的话，就会违反他们自己的和平条约条款，或者面临苏联全面报复的风险。

危机过后，莫斯科和华盛顿之间设立了热线，直接连接这两个超级大国，以便再次发生这种可怕的情况时，谈判起来更容易些。鲁道夫·安德森少校是在本次对峙中被射杀的唯一一名战斗人员（尽管另有18人在坠机事故中丧生），他的遗体被送回美国，以最隆重的军礼葬在南卡罗来纳州。

尽管卡斯特罗的地位得以巩固，但无论是美国还是苏联都未能带着荣耀走出这次危机。赫鲁晓夫在苏联执政两年后，最终还是下台了。与此同时，美国试图将这一结果公开宣扬为一

自说自话

三位领导人分别陈述了自己的观点

在我们的讨论和交流中……我最担心的是，你方政府也许并不能正确地理解我们美国在任何特定情况下的意愿和决心，我觉得无论是你还是其他任何一个心智健全的人都不会在这样一个核时代故意把整个世界拖入一场任何国家都无法打赢的战争中，更何况这场战争还会给整个世界带来灾难性的后果。

肯尼迪写给赫鲁晓夫的信，1962年10月22日

总统先生，你这不是在宣布隔离政策，而是在发最后通牒，你竟然威胁说，如果我们不屈服于你的要求，你就要使用武力。仔细回味一下你说的话吧！你还想说服我同意这件事情！你这是无理取闹，竟然还想要恐吓我们。

赫鲁晓夫写给肯尼迪的信，1962年10月24日

苏联在任何情况下都绝不能允许帝国主义率先进行核打击。如果帝国主义对古巴进行侵略——这是一种违反普遍法则及道德法律的野蛮行为——那就到了通过一种最合法的自卫行为来永远消除这种危机的时刻。不管解决办法多么严酷可怕，也要义无反顾地执行，因为确实也没有其他办法了。

卡斯特罗写给赫鲁晓夫的信，1962年10月26日

▲ 国家安全委员会的执行委员会于1962年10月26日开会讨论战术

莫斯科—华盛顿热线
为了方便交流

在人们的想象中,莫斯科—华盛顿热线是一部红色的电话机,然而事实上这一热线从来就不是电话机。它最初是一种电传打字系统,沿用20年后,被传真机取代。自2008年以来,它变成了用于发电子邮件信息的安全计算机网络。这条热线是在1963年古巴导弹危机后设立起来的,将五角大楼与克里姆林宫直接联系起来,以便在发生任何敌对行动或"误解"时,可以立即进行沟通。在危机期间,美国翻译破解赫鲁晓夫的信息往往要花费数小时,这是非常危险的。

尽管这看起来似乎是一个明智之举,但肯尼迪当时因启用该热线而受到了共和党的批评。有人指责肯尼迪会因先与"死敌"对话而失去他"坚实的盟友"!

> 人们认为赫鲁晓夫从一开始就从他开创的局势中退缩了。

场胜利,但矛盾也是存在的。例如,美国空军上将柯蒂斯·勒梅(Curtis LeMay)称古巴导弹危机是"(美国)历史上遭受的最大失败",尽管只有少数人支持他的观点。自危机爆发之初,勒梅就强烈主张入侵古巴,在苏联撤军后,他继续主张这么做。他说:"我们不仅可以把导弹赶出古巴,我们还可以把共产主义者赶出古巴。"25年过去了,他仍在抱怨。

最终,也许是人类本身赢得了古巴导弹危机,这一事件向人们敲响了警钟,若国际力量的平衡操控在两个超级大国手中,它们中的任何一方都有能力在片刻之间毁灭另一方,同时很有可能牵连到世界上的其他人。保守估计,倘若美苏之间真的爆发了核战争,那么伤亡人数可能高达数亿。

▲ 1962年10月18日，肯尼迪会见苏联代表，外交部长安德烈·格罗米科

然而，令人担忧的是，著名的"末日时钟"[①]在危机期间没有动，因为危机发生的速度超过了末日时钟表盘所能做出反应的速度。"末日时钟"用"午夜前几分钟"（minutes to midnight）这一表达方式，以象征性的视觉形式展示了世界在任何特定时间点距离一场政治性全球灾难有多近。在危机爆发之前，分针停在"午夜前7分钟"处，危机过后又回到了"午夜前12分钟"处，因为签署了和平条约，所以世界看起来似乎安全了一些。如今，"末日时钟"的指针停在"午夜前2分钟"处，离危险更近，而这主要"得益"于：全球核储备只增不减，地区冲突仍有可能发生，人为因素导致的气候变化影响巨大，等等。

---

① 末日时钟（Doomsday Clock）是一个虚构钟面，由芝加哥大学的《原子科学家公报》杂志于1947年设立，标示出世界受核武威胁的程度——12时整象征核战爆发。杂志社根据世界局势将分针拨前或拨后，以此提醒各界正视问题。时钟设立之初正值冷战，分针距离午夜仅7分钟，其后根据世界局势及爆发核战的可能而变动，幅度由《原子科学家公报》杂志委员会决定。然而，时钟有时未能及时反映实况，如1962年古巴导弹危机时核战濒临爆发，当时委员会却没有拨动时钟。

"我有一个梦想"

探究美国历史上最具代表性的一次演讲背后的血水、汗水与泪水。

★★★★

◆ 决定性时刻

马丁·路德·金（MARTIN LUTHER KING JR.）演讲，
1963年8月28日

这是美国民权运动的一个决定性时刻，马丁·路德·金向25万多人发表了演讲，激发了人们对变革的支持。

我们都知道，马丁·路德·金是非暴力抗议中的一位牧师，他曾在聚集于华盛顿特区的数十万人面前发表过这样的讲话："今天，我很高兴同大家一起参加这场集会，这将成为我国历史上为争取自由而举行的最伟大的示威集会。"1963年8月28日，他满怀自信地发表了演讲，没有人真正明白他的作用有多么巨大。他的演讲分享了他标志性的伟大梦想，他的话语犹言在耳，也终将变为现实。

当天的行动，即众所周知的"为工作与自由向华盛顿进军"自1962年12月便开始筹划，从最初只关注黑人的失业问题迅速拓展到包含种族隔离与种族歧视的广泛议题，很快，强烈表达种族平等观念的演讲、歌曲和祈祷等环节便确定下来。"为工作与自由向华盛顿进军"的代名词、彪炳黑人史册的马丁·路德·金博士也是演讲者之一。

行动提前开始了。关于大游行的宣传广泛传播，早上8点首批21列火车包厢到达首都，随

> **马丁·路德·金**
> 美国人，1929—1968
>
> **简要生平**
>
> 金出生于亚特兰大，据说他的名字来源于德国宗教改革家马丁·路德（Martin Luther）。学生时代，金天资聪颖，跳过了九年级和十二年级，没有正式完成高中学业就进入了大学。金出生于牧师家庭，起初对宗教持怀疑态度，但后来改变了主意，进入了神学院。他终生为民权而战，他演讲"我有一个梦想"可以说是他最具标志性的时刻。他死于暗杀，时年39岁。

▲ 金向 25 万人发表演讲

金是一个经历过死亡威胁、炸弹恐吓、多次被捕、多次被判监禁的人。

后 2000 多辆公共汽车及 10 架飞机到达，但所有这些都在常规定点公共交通班次之外。每 5 分钟就有大约 1000 名黑人和白人涌向林肯纪念堂，其中也包括大批社会名流，使此次游行格外引人瞩目。查尔顿·赫斯顿和伯特·兰开斯特与示威者同行，马龙·白兰度也在其中，他们挥舞着象征警察暴力的赶牛用的电鞭。很快演讲者便开始准备向 25 万名参与者发表演讲，参与者的人数大大超出预计的 10 万人。

不断增加的人群充满了希望和乐观，但不安的暗流也在人群中蔓延开来。全国其他地区不断发生暴力的民权抗议，肯尼迪总统担心游行造成

非洲裔美国人争取民权的漫长历程

● **1619 年**
第一批有记载的奴隶
当年记录了在刚刚起步的英属美洲殖民地运进非洲奴隶的第一个实例。

● **1712 年**
纽约奴隶起义
一个 23 名非洲奴隶组成的团伙杀死 9 名白人。有 70 多名黑人被捕，21 名黑人随后被执行死刑。起义平息之后，制定了更为严苛的管控黑人的法律。

● **1780 年**
少数人的胜利
在新成立的美利坚合众国，宾夕法尼亚州成为第一个立法废除奴隶制度的州。

● **1790 年—1810 年**
解放奴隶
美国独立后，南方的奴隶主解放了自己的奴隶，自由黑人的比例从 1% 提升到 10%。

● **1863 年**
《解放奴隶宣言》
亚伯拉罕·林肯宣布 10 个蓄奴州约 310 万黑人奴隶获得解放。

● **1865 年**
《黑人法令》
南方最臭名昭著的《黑人法令》在全美通过，这部法令限制了黑人的自由，将黑人局限在低收入的体力劳动中。

动荡的社会氛围，一直不愿让游行继续进行。尽管组织者承诺和平抗议，但五角大楼已经在郊区部署了数千名士兵，还有近 6000 名警察在该地区巡逻。全市禁止销售酒类，禁止医院储存血浆并取消可择期的手术，将囚犯转移到其他地区。许多人认为，为应对公民抗命而采取的这些措施是美国历史上最大规模的游行的必然结果。

很多游行参与者虽然担心自身的安危，但仍在炎热的 8 月来到现场，因为他们认为，国家各个层面正在被种族问题撕裂，这对他们的国家来说无比关键。帕特里克·H. 巴斯在他的著作《如强劲的溪流》中介绍，示威者约翰·马歇尔·乞力马扎罗从北卡罗莱纳州的格林斯伯勒前来参加大游行，他认为很多参加游行的人都感到害怕。"我们不知道将面临什么，因为没有先例。我前面坐着的是一位身穿白衬衫的黑人牧师，我们进行了交谈。公共汽车上的人不时地唱着《啊，自由》和《我们必须抗争》。我们暗暗祈祷暴力事件不要发生。"

乞力马扎罗跋涉 480 多千米来参加大游行。很多人来自阿拉巴马州的伯明翰，金是其中极其杰出的代表，他们乘坐 20 多个小时的公共汽车，穿越了 1200 多千米。参与者投入了大量时间、金钱，对游行充满了期望与梦想，虽然紧张但情绪高涨。

主要的演讲者马丁·路德·金是卓越的社会活动家、令人钦佩的牧师，也是南方基督教领袖联合会勤勉务实的领导人，他必须最终确定自己的演讲内容，尽管他昨晚与顾问们争论了很长时间，筋疲力尽，早上 4 点才睡。金的密友兼演讲执笔人克拉伦斯·B. 琼斯事后坦陈："游行的后勤准备工作如此繁重，以至于演讲并不是我们的优先事项。"

直到大游行的前晚，包括琼斯在内的 7 个人才与金聚在一起对最后的演讲内容发表看法，由琼斯负责记录并将其转化成论辩有力的演讲。该演讲要紧扣全国人民的思想和心灵，但这绝非易事，因为在场的每个人都觉得演讲意义重大，希望从中听到自己的声音。"我尽力概括所有支持者的不同观点，"琼斯在他的著作《梦想背后的

甘地的影响

尽管两人之前从未相见，金却从莫罕达斯·甘地成功的非暴力抗议中汲取了大量灵感。于是 1959 年，金开启了孟买之旅。

金和他的随行人员受到热烈欢迎，"事实上每一扇大门都为我们打开了"，金在随后的记录里写道。他注意到印度人民"乐于倾听黑人的精神世界"，而他的妻子科丽塔往往在金演讲结束时为听众献唱。

这次印度之行深深地感染了金。他在最后一晚的广播直播中说："自来到印度以后，我比以往更加确信，对于被压迫人民争取正义与尊严的斗争来说，非暴力抵抗的方式是当下最有潜力的武器。"

● 1876 年—1960 年
《吉姆·克劳法》
这些种族隔离法律的实施，使非洲裔美国人处在"隔离但平等"的状态下，其设施条件往往比提供给美国白人的差。

● 1964 年
《民权法案》
《民权法案》是美国适用范围最广的平等立法之一，它禁止任何形式的歧视，并赋予联邦政府解除种族隔离的权力。

● 1991 年
一项更有力的法案
乔治·W. 布什总统只用了两年的讨论和投票时间，便最终签署了《1991 年民权法案》，强化了现有的民权法律。

2009 年 ●
第一位黑人总统
巴拉克·奥巴马宣誓就任美国第 44 任总统，他是美国历史上第一位非洲裔美国总统。

▲ 众多从纽约始发的游行包厢列车中的一列到达华盛顿联邦火车站

故事》中写道:"每个不同观点的话语都萦绕在我的脑海中,这谈何容易。"根据琼斯的叙述,金很快就焦头烂额,告诉他的顾问们:"我要上楼回房间与我的主交流。明天再见吧。"

毫无疑问,当晚金正打算休息,眼前任务的强度严重地困扰着他。此刻,金已是一个著名的政治人物,但是黑人教会和社会活动者圈子外很少有人听过他公开讲话。相对较新的电视网络正准备将他的形象投送到千家万户,金知道他必须抓住前所未有的民权运动平台。

当金最终被请到台前演讲的时候,很明显,他的演讲顺位直接使其处于不利地位。闷热压抑的天气迅速耗尽了人们的热情,许多人已经离开游行队伍,开始漫长的回家旅程。当天采用了最先进的音响系统,但活动前遭到恶意破坏,即便美国陆军信号兵团协助进行了修复,一些人也只能勉强听到演讲者的声音。在争取平等权利的历程中,金是一个经历过死亡威胁、炸弹恐吓、多次被捕、多次被判监禁的人,他不会因不利环境的困扰而无所适从。

金将打印好但修改多处的便笺放到讲台上,他援引《独立宣言》《解放奴隶宣言》《美国宪法》,开始了灵动而充满激情的演讲。一开始,他低头向亚伯拉罕·林肯的《葛底斯堡讲话》致

▲ 克拉伦斯·琼斯，金的演讲执笔者之一

▲ 歌手琼·贝兹与鲍勃·迪伦在 1963 年"为工作与自由向华盛顿进军"的民权游行中献唱

敬（"一百年前……"），他认为那是一个同样具有标志性意义的演讲，林肯总统在一百年前就确立了人类平等的愿景。金运用了富于韵律的语言、含义隽永的宗教隐喻，并在每一句开头掷地有声地重复，"一百多年以前……"他加大音量，以突显林肯总统未竟的梦想。"我们不能满足于……"他高声呼喊，勇敢地表明"美国给黑人开了一张空头支票"。

琼斯在看到金的演讲吸引住观众后，长出了一口气。他在《梦想背后的故事》中写道："当我意识到他似乎完全是在背诵那些我前一天晚上在酒店房间里草拟的开篇段落时，激动得愉悦涌遍全身。"后来一些未事先设计的内容出现了。在一个短暂的停顿中，当天早些时候表演的福音歌手玛哈莉亚·杰克逊向金大喊："马丁，讲出梦想！"金将便签推到一边，挺胸抬头站在观众面前。有所预感的琼斯对旁边的人说："今天这些人还不知道，他们将要聆听布道了。"

金听从内心的声音，脱离了他的正式讲稿，开始坦诚地宣讲他的远见、他的梦想，这些逐渐

演讲语言须知

新人文学院召集人兼英语高级讲师凯瑟琳·布朗博士

· 汲取了来自不同元素的力量。一方面，它针对的是特定的时间和特定的地点，并强调出这一事实：形势紧迫，现在是改变的时候了。另一方面，演讲中充满了对《圣经》和美国基本文书和演讲的影射。

· 金明确表示，《解放黑人宣言》是一张对"黑人"来说尚未兑现的"空头支票"，他在演讲中呼吁兑现这张支票。

· 他提到的其他内容不是黑人写的，但他通过使用他们的短语和节奏，维护了自己的地位，以及黑人在他们所属的文化、知识和政治传统中的地位。用他自己的话说，他不允许自己"隔离但平等"。

· 在所有这些美国文本的修辞背后，是詹姆斯国王钦定版《圣经》和古希腊、古罗马演说家的修辞。两个帝国和《圣经》的作者来自不同的民族，白人至上对他们来说是陌生的。

金听从内心的声音,脱离了他的正式讲稿,开始坦诚地宣讲自己的远见。

成为永远改变民权运动的精神遗产。"我有一个梦想",他说出了演讲中最有名的一段话,"我的四个孩子将在一个不是以他们的肤色,而是以他们的品格优劣来评价他们的国度里生活。"

"啊,"金的另一位顾问沃克·维亚特评论,"他在使用梦想。"维亚特以前曾建议金远离有关梦想的措辞:"那是老生常谈、陈词滥调,您已经用过太多次了。"的确,几天前金曾对募款人及在一些集会中使用过这一措辞,但至关重要的是,在大众媒体中尚未公开。对于在电视上观看以及亲临现场的数百万人来说,这段演讲就像刚出炉一样新颖。

当金过去谈及自己"梦想"的时候,"梦想"一词得到了普遍认可,但该措辞显然缺乏新意。然而,这次却大为不同,数十万听众齐声应和,发出众志成城的呐喊,金说出最后一句:"终于自由了,终于自由了,感谢万能的上帝——我们终于自由了!"人群里响起经久不息的热烈掌声。

金的演讲是黑人历史及争取民权斗争史上的一个特殊时刻。琼斯写道:"他虽然登上讲台之前已经声名赫赫,但他已翻开历史新的一页。"据报道,甚至连超级演说家肯尼迪总统本人也向

▲ 很多抗议活动的领导人在"为工作与自由向华盛顿进军"行动前被阻止前进

一位助手评论道:"他简直棒极了!"

然而,金的演讲反馈并不完全都是正面的。联邦调查局对金的行动保持着警惕,局长 J. 埃德加·胡佛认为金是个危险的激进分子。在游行的两天后,联邦调查局特工威廉·C. 沙利文撰写了一份关于金影响力日增的备忘录:"鉴于昨天金的强劲煽动性言论,在影响大批黑人方面,他比其他所有黑人领导人合在一起还要强大。从共产主义、黑人和国家安全的角度来看,我们现在必须把他标记为我国最危险的黑人……尽管我们以前从未有过这样的操作。"

从此,金被联邦调查局视作美国的主要敌人,并遭到全面监视和监听。根据马歇尔·弗雷迪的

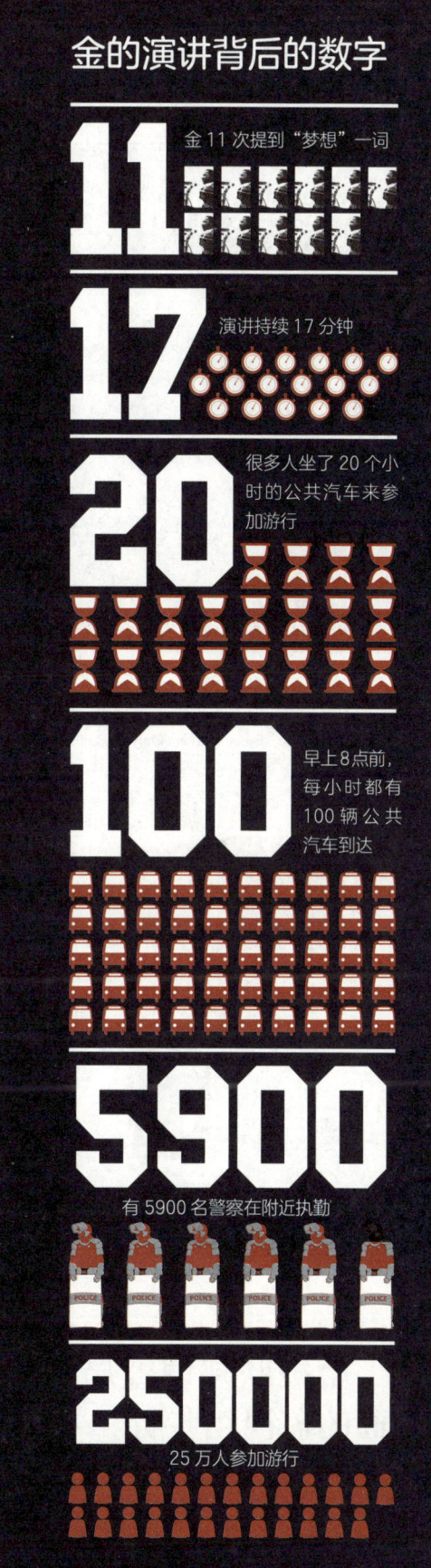

金的演讲背后的数字

11 金 11 次提到"梦想"一词

17 演讲持续 17 分钟

20 很多人坐了 20 个小时的公共汽车来参加游行

100 早上 8 点前,每小时都有 100 辆公共汽车到达

5900 有 5900 名警察在附近执勤

250000 25 万人参加游行

见诸报端的游行

金演讲之后，全国各地的报纸的头条报道参差不齐。多家报纸报道了游行的有序与和平性质，但仍有一些报章抱怨该事件对当地交通和运输造成了影响。其他报纸，也许是故意为之，仅用了小小的几英寸篇幅，将其称为“种族游行”，而不是呼吁平等的游行。

《尤金记录卫报》的头版反映了当时许多人的担忧。“大规模的黑人示威‘只是一个开始’”是有些令人恐惧的噱头，暗示美国应该对黑人感到恐惧。同时，“没有任何证据显示这将对国会产生影响”的口号性结语似乎有意破坏了游行者的努力。

Eugene Register-Guard

No Evidence of Any Effect on Congress

Massive Negro Demonstration 'Only a Beginning'

Two Named By Carriers To Arbitrate

5 Eugeneans' Sailing Trip Cut Short

Rescue Efforts Stalled In Utah Potash Mine

3rd Miner's Fate Remains Unknown

Faces

Pact to Reach Floor Sept. 9

Senate Committee Okays Test Treaty

Gun Mishap: Boy Wounds Twin Brother

Bean Harvest Passes Peak

Noted Orchestra Booked by CMA

Oregon State Fair Opens Eight-Day Run Friday

Baseball

INSIDE TODAY

No Sound

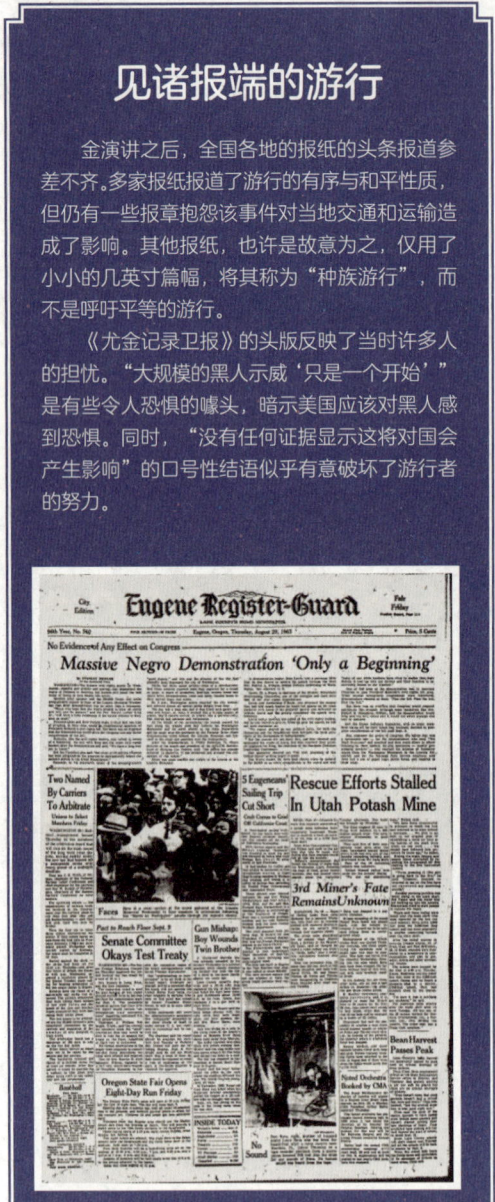

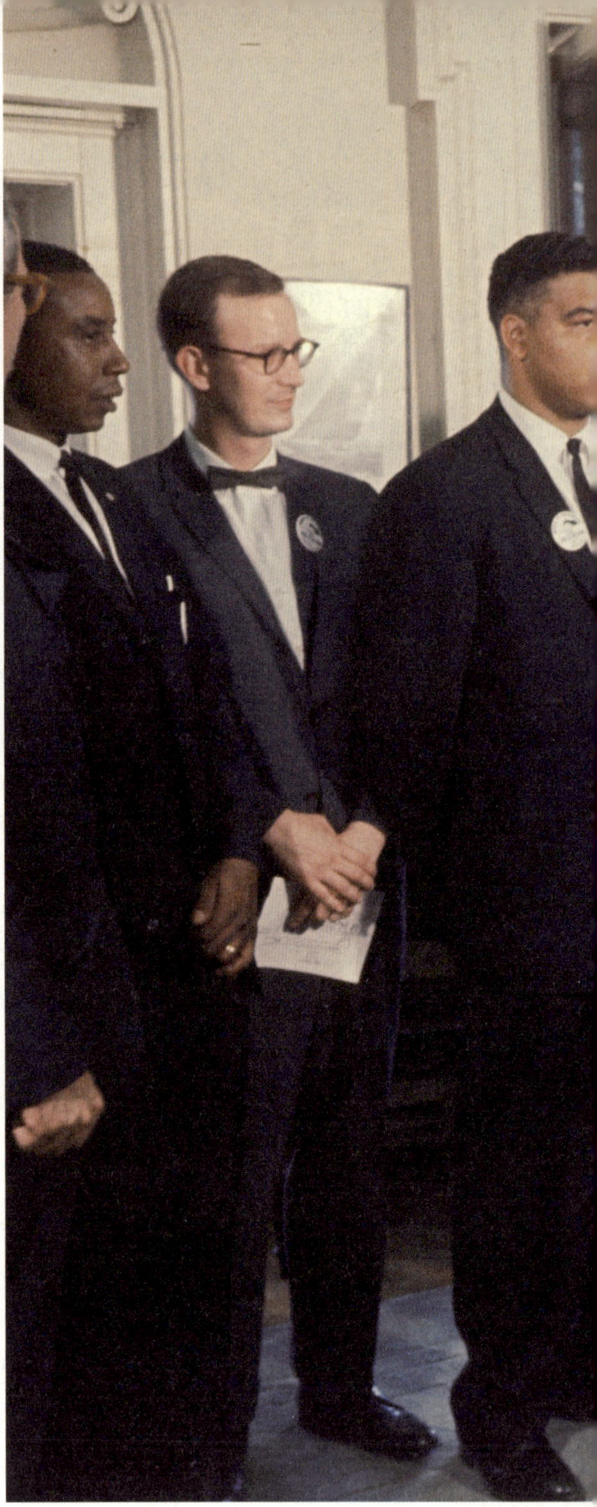

金被联邦调查局当作美国的一个主要敌人，并遭到全面的监视和监听。

▲ 1963年8月28日，"为工作与自由向华盛顿进军"的民权运动领导人在椭圆形办公室与约翰·肯尼迪总统会面

肯尼迪与金

金从未公开支持任何政治候选人，但在1960年，他的确表示他"感觉肯尼迪将会成为最好的总统"。

许多人认为，肯尼迪能担任总统应归功于金。在佐治亚州亚特兰大市的一次抗议活动后，他确保将金从监狱释放，这一举动为他赢得了大部分黑人的选票。但是当他们讨论发表第二次《解放奴隶宣言》的可能性时，肯尼迪反应迟缓。

肯尼迪正陷于两股对立的力量之间：一方面，是他对平等的信念；另一方面，是对外国威胁的忧心忡忡。

▲ 金在林肯纪念堂发表了他标志性的演讲

演讲的影响

尽管金的演讲取得了成功,但随后的形势急转直下,金愈发感觉梦想幻灭,他的演讲很快被遗忘。他说,这次演讲"变成了一场噩梦"。根据《向华盛顿进军》的作者威廉·普·琼斯的叙述,20世纪60年代中期"大多数人不会认为这是有史以来最振奋人心的演讲"。

金被暗杀身亡使美国公众重新注意到他的演说,但出乎意料的是,整篇演讲一直未曾现身,直到15年后,一份演讲手稿才在《华盛顿邮报》刊出。

演讲的原稿目前掌握在乔治·拉维林手里。当时26岁的篮球运动员拉维林在游行的最后时刻自愿充当保镖,并在金演讲结束后请求收藏金的便签。演讲原稿的拍卖出价高达180万英镑(300万美元),但拉维林称他无意出售。

传记《马丁·路德·金的一生》中的描述,联邦调查局甚至将他们截获的关于金婚外情的录音寄给金。金认为,这种企图恫吓并驱使他自杀的目的昭然若揭。

最莫名其妙的是,当时批评的声音不仅来自政府,而且来自他的同伴。民权社会活动家、作家安妮·穆迪也前往华盛顿特区参与了大游行,她回忆说:"我坐在草地上聆听演讲,竟发现领导我们的人不是领导者,而是一个'梦想家'。大家都站在那里异想天开地做梦。马丁·路德·金则在大谈特谈他的梦想。我坐在那里想,我们在坎顿没有时间睡觉,更没有时间做梦。"

人权社会活动家马尔科姆·X也公开指责大游行与金博士的演讲,称该行动是"在华盛顿上演的闹剧"。后来他在自传中写道:"谁曾听说过愤怒的革命者与压迫他们的人一起在戏水池中舞动着赤脚,旁边还伴着福音、吉他,还有《我有一个梦想》的演讲?"

无论批评者如何评价,金的演讲都毫无疑问地使其成为出类拔萃的领导者。他的演讲被誉为20世纪最伟大的演讲之一,为他赢得《时代》杂志"年度人物"的荣誉称号,随后使他获得诺贝尔和平奖。当时,他是此项殊荣最年轻的获得者。

至关重要的是,大游行与金的演讲引发了社会论争,为切实可行的民权改革铺平了道路,将种族平等问题推到了议事日程的首要位置上来。里程碑式的1964年《民权法案》在金发表梦想演讲不到一年后即立法生效,法案规定:任何基于种族、肤色、宗教、性别或祖籍国的歧视均属违法行为。

在演讲的中间阶段,马丁·路德·金尚未脱离讲稿,他向人群中成千上万的兄弟姐妹呼吁:"我们不能独行。"他以一种诗意而洒脱的方式表达了自己的心声,可谓前无古人,后无来者。

▲ "为工作与自由向华盛顿进军"大游行约有25万名支持者参与
▶ 有10万多名哀悼者跟随在马丁·路德·金的棺椁后

决定性时刻

登月成功，1969 年 6 月 20 日

尼尔·阿姆斯特朗成为第一个登上月球的人，实现了许多人认为永远不可能实现的目标，为太空竞赛画上了句号。

阿波罗11号登月计划

===== 见证者 =====

杰克·加曼（Jack Garman）

杰克·加曼是一名电脑工程师，1966年至2000年在美国国家航空航天局工作。1969年，他成为阿波罗11号登月计划的关键人物，负责监视飞船上的原始机载计算机。加曼在NASA供职时间很长，尽管他接到的任务可能不都像阿波罗11号那样重要，但他在职期间还是取得了丰硕的成果，如今已经退休。

1969年7月20日20点18分（格林尼治标准时间），美国人尼尔·阿姆斯特朗和巴兹·奥尔德林成为首次登上月球的人，这可以说是迄今为止人类最伟大的成就。与此同时，38万多千米之外，在得克萨斯州休斯敦约翰逊航天中心（Johnson Space Center），美国国家航空航天局任务控制中心的一群人正在欢快地举行庆祝活动，因为他们刚刚克服了一个人类历史上最大的技术难关。任务控制中心的计算机工程师杰克·加曼是本次庆祝活动的核心人物，他在飞船

这真是让人欣喜不已；天哪，我们真的做到了，他们真的登上了月球。

着陆前几分钟成功处理了计算机警报，及时拯救了这次任务，使飞船免于灾难。

阿波罗11号登月那年，加曼与其他同事相比还很年轻。1966年，21岁的他刚从大学毕业，就以一副稚嫩的面孔加入了美国国家航空航天局。在短短3年内，他就熟悉了控制阿波罗11号宇宙飞船的计算机工作原理，并在着陆当天负责监视这些计算机，以确保着陆顺利进行。虽然这些计算机本质上最多也只能算是初级的，但操作起来并不容易。

"有一个系统，一个交通工具，是由电脑运行的，这很奇怪，也非常与众不同。我的意思是，今天甚至我们的汽车都是由电脑运行的，但当时几乎所有的系统都只是模拟的。"加曼在告诉我们关于他在任务控制中心的工作时解释道，"他们希望在控制中心有一名所谓的专家，所以

登月工作是如何开展的

格林尼治
标准时间

17:44 — 登月舱与月球轨道上的指挥服务舱分离

19:08 — 向月球降落
阿姆斯特朗和奥尔德林开始向月球表面降落

20:04 — 登月舱现在距离月球表面只有15.2千米

20:10 — 登月舱下降到9.1千米

20:14 — 任务受到威胁
1202程序警报突然出现,但杰克·加曼意识到继续执行任务是安全的

20:15 — 阿姆斯特朗和奥尔德林选择了一个新的着陆地点,因为他们在警报期间失去了对自己位置的判断

20:16 — 燃料量过低的指示灯亮了,这意味着地面操控人员只有几秒钟的时间来使登月舱着陆

20:16 — 最终,飞船扬起了尘土,这意味着离着陆只差几秒钟了

20:17 — 阿姆斯特朗和奥尔德林成功登陆月球表面,成为首次登陆另一个世界之人

22:12 — 在接下来的几个小时里,地面操控人员对宇宙飞船进行了检查

23:43 — 迈出一小步
阿姆斯特朗准备进行第一次月球太空行走。3个小时后,他成为第一个在月球上行走的人。半小时后,奥尔德林也跟着登上了月球

就在阿波罗导航计算机支援室给我开了一场正式会议,也就是在那里,我花费了大把的时间来研究登月飞船的操控。"

飞船着陆当天,地面控制中心熙攘嘈杂,挤满了人:"我记得在飞船着陆过程中,当宇航员们接近月球表面时,巴兹·奥尔德林轻声地惊呼了一声:'我们现在接触到尘土了。'"加曼告诉我们,"下降引擎从月球表面扬起了尘土。我们的所有模拟着陆试验都有点像照着剧本演戏,但他在之前的剧本中从来没有那一声惊呼!他没有按照剧本去演!这使我们觉醒了。我的意思是,你先前就知道这终究会成为现实,但是,这一刻依然激动不已,哇!就是这样,他们就要着陆了。"

然而,事实证明,在宇航员准备着陆之前,加曼已经做了一些至关重要的准备工作,以确保任务能够继续进行,并在当晚创造历史。加曼和他的团队负责解决一切可能由原始计算机发出的程序警报问题,但是有一个警报似乎还是难倒了

▲ 摆动的双臂移开,一缕火焰标志着阿波罗11号的发射

整个团队的大批精英人士。

在着陆前的一次模拟中,电脑发出了"1202警报"(1202 alarm),这是加曼和他的团队在这之前从未见过的。他当时的上级,指挥官史蒂夫·贝尔斯(Steve Bales)要求中止行动。"后来,阿波罗11号着陆的飞行指导员吉恩·克兰兹(Gene Kranz)表示,这让他很抓狂。"加曼解释道,"于是,他要求所有参加那次模拟飞行的程序员都全力以赴去研究是什么导致这个接近于真实飞行的模拟试验中止的。可模拟人员却说:'呃,呃,凡事有成功皆有失误,不要太在意这一次的失误。'他们还为此激烈地争吵了一番。"

克兰兹要求加曼研究清楚可能出现的每一个程序警报。因此,这位年轻的计算机工程师研究了所有的警报问题,并给自己打了一张"小抄"以便在正式执行任务时参考。就在离着陆只有几分钟的时候,加曼之前辛辛苦苦做的功课帮助拯救了这次任务。

▲ 阿波罗11号登月任务期间的NASA任务控制中心。任务期间,杰克·加曼经常在这个房间里

▼ 美国国家航空航天局和载人航天中心(Manned Spacecraft Center,MSC)的官员庆祝人类在月球上成功行走的历史性事件

在任务控制中心室内

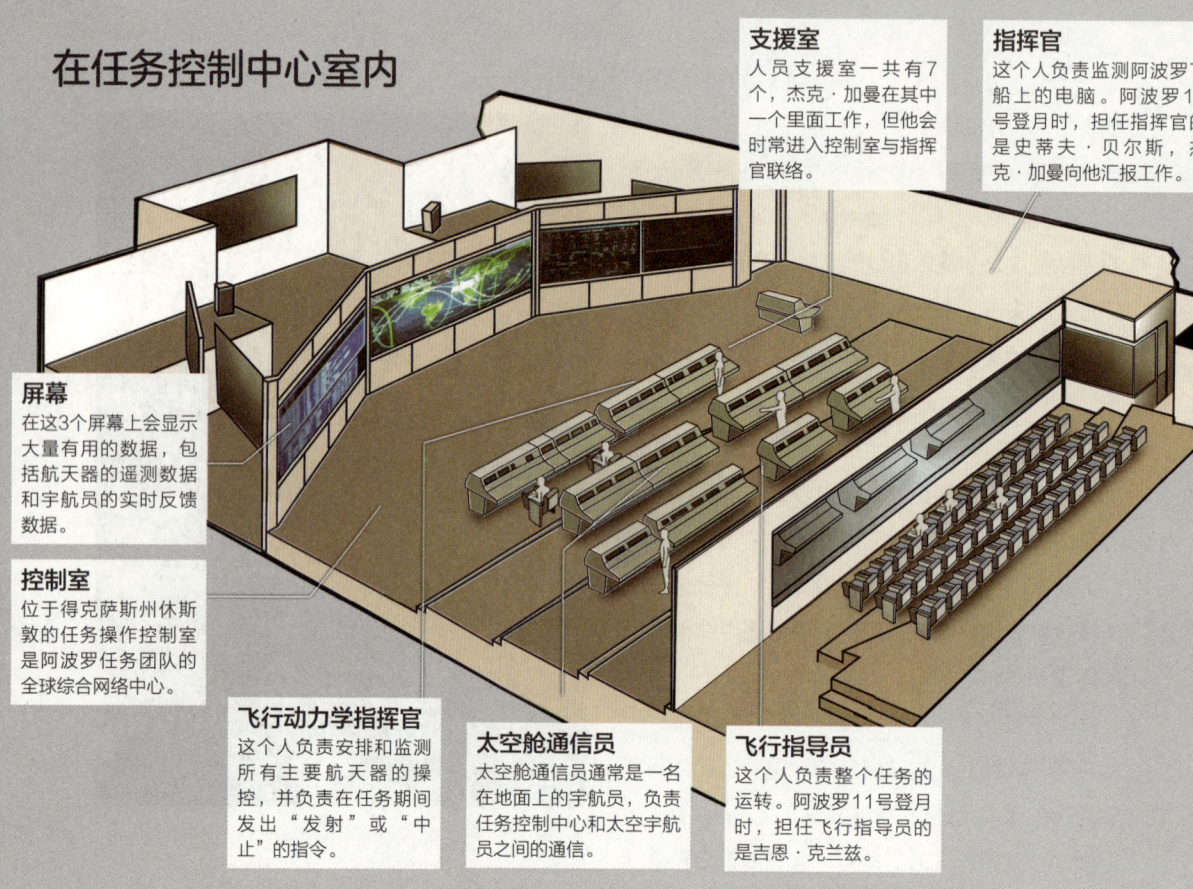

屏幕
在这3个屏幕上会显示大量有用的数据，包括航天器的遥测数据和宇航员的实时反馈数据。

控制室
位于得克萨斯州休斯敦的任务操作控制室是阿波罗任务团队的全球综合网络中心。

飞行动力学指挥官
这个人员负责安排和监测所有主要航天器的操控，并负责在任务期间发出"发射"或"中止"的指令。

太空舱通信员
太空舱通信员通常是一名在地面上的宇航员，负责任务控制中心和太空宇航员之间的通信。

飞行指导员
这个人负责整个任务的运转。阿波罗11号登月时，担任飞行指导员的是吉恩·克兰兹。

支援室
人员支援室一共有7个，杰克·加曼在其中一个里面工作，但他会时常进入控制室与指挥官联络。

指挥官
这个人负责监测阿波罗飞船上的电脑。阿波罗11号登月时，担任指挥官的是史蒂夫·贝尔斯，杰克·加曼向他汇报工作。

> **只要没有其他迹象，比如发生电脑操控飞船掉头之类的情况，我们的任务就可以继续。**

在执行任务期间，当阿姆斯特朗和奥尔德林降落到月球表面时，出现了一个错误读数，显示飞船上的计算机正在超负荷运行，与模拟过程中出现的"1202警报"相同。正如在那次模拟飞行中所经历的一样，这样的读数会导致任务中止，因为如果计算机停止工作，奥尔德林和阿姆斯特朗将无法操作登月舱。幸亏飞行指导员克兰兹之前一直坚持让加曼研究程序警报，加曼这一次恰好有了大展身手的机会，他很清楚这个警报不是中止任务的真正原因，而且他是该团队里唯一一个知道这一点的人，于是，他赶紧向上级汇报了这一情况。

"我低头看了一下我的'小抄'，明白了这个警报究竟是怎么回事，之后我告诉他们没有什么可担心的，"加曼说，"只要没有其他迹象，比如发生电脑操控飞船掉头之类的情况，我们的任务就可以继续。控制中心当时也如是发出了指令。但现在需要澄清的是，即便光速非常快，从月球到地球仍然需要几秒钟的时间，声音或无线电波也以同样的速度传输。所以在警报响起好几秒之后，我们才听到巴兹·奥尔德林问发生了什么。之后我们又用几秒钟做出回应并反馈给现场指挥人员，然后再将他们的指令传给太空舱通信员，告诉航天员可以继续执行任务，然后再加上人类的反应时间，这样算起来可能总共需要19或20秒宇航员们才能接收到我们的回应，在此期间每个人都神经紧绷。我们知道,这也是阿姆斯特朗当时不知道自己究竟在哪里的原因之一,因为他没有向窗外看。着陆后很长一段时间,他们都不清楚自己是在哪里降落的,这在很大程度上可能是由于这些程序警报的干扰。"

然而,仅仅几秒钟后,阿波罗11号真的安全着陆了。于是,奥尔德林和阿姆斯特朗在月球上欣喜无比,与此同时,地面任务控制中心的每个人也都在庆祝。"我记得,克兰兹不得不让大家都冷静下来,回到座位上。现在是检查着陆清单的时候了,要确保一切安全,准备让他们离开太空舱。"加曼说,"这真是让人欣喜不已;天哪,我们真的做到了,他们真的登上了月球。"

加曼用"怪异"这个词来描述着陆时任务控制中心的气氛。他解释说:"我的意思是,当时在现场,你就好像是在一场戏剧中扮演角色的演员。你前期会经历很多次排练和彩排,接着迎来了开幕之夜。当幕布升起时,会有真正的观众出现,那种感觉跟以往是不同的,更怪异一些。这是我所能想到的最贴切的方式来描述我所说的'怪异'。之前,你已经操作过这些程序并解决了许多模拟中出现的问题,你也经历过飞船模拟测试,但现在你看到真实的飞船出现在发射台上,并且你第一次真正地操控了它,他们真的着陆了,你很震惊,这真的是件了不起的事情。这就是我所说的'怪异'。不是虚幻的怪异感,而是它确实给人带来了怪异的感觉。当然,这种感觉是非常真实的。"

对加曼和他的同事来说,这是一项非常值得引以为傲的成就:"我觉得,无论你做什么工作,你都会有那么一瞬间感觉自己仿佛处在三角形的顶端——我指的不是那种工作本身的优越——你不是在厂房干苦力或分发食物,你甚至不是在教育领域教学,但你可能确实会在某种程度上帮助人类进一步拓展新的知识,这样的体验

起源和后续

阿波罗11号登月是美国和苏联太空竞赛的高潮。1957年10月4日,苏联发射了世界上第一颗人造卫星"斯普特尼克1号"。在20世纪60年代的大部分时间里,苏联似乎一直领先于其他国家,因为它们夺得了许多"第一",包括1961年第一次将人类送入太空。但苏联未能成功研制出一枚能载人上月球的火箭,最终美国宣告胜利。除阿波罗11号以外,美国的阿波罗计划中还有另外5次登月任务。太空竞赛为美国、苏联和其他国家之间的太空探索合作铺平了道路。如今,我们仍然可以看到太空合作带来的益处,如国际空间站(International Space Station)的建立。

▲ 阿波罗17号的发射。这是阿波罗登月计划的最后一次任务

会让你感觉良好。我当时确实感觉良好。我们确实都感觉良好。做那样一份工作,加上随之而来的兴奋和所冒的风险,你会有一种自我价值得以实现的感觉。这样一来,乐于奉献、坚忍不拔、一心扑在工作上,做到这些就很容易了。成为此次任务的一员让我引以为傲,成为操控航天飞机机载计算机的一员也让我引以为傲,为NASA所做的一切也同样让我引以为傲。"

对加曼来说,阿波罗11号登月是一次终生难忘的经历,它将成为人类历史上最伟大的成就。"我认为这样的成就不会再有第二次了,至少在我有生之年不会。我觉得,把人类送上诸如火星之类的星球,还有很长的路要走。甚至是把人类再次送回月球或送到其他小行星上,也不是轻而易举之事,即使这种情况真的发生,也不会和第一次完全一样。永远不会。"

决定性时刻

切尔诺贝利核泄漏事故，
1986年4月26日

历史上最重大的核事故。导致数十人死亡，整座城市被遗弃。

▲ 1986年，切尔诺贝利核电站四号反应堆被毁后的鸟瞰图

切尔诺贝利核泄漏事故

这次安全测试看似平常，却导致了20世纪最严重的核事故。

切尔诺贝利核电站宏伟壮观，很容易使周围森林的树木相形见绌。该核电站建在今乌克兰境内，位于切尔诺贝利市西北方向约16千米处，于20世纪70年代动工修建；1977年，第一座反应堆投入使用。到1984年，已有4座反应堆投入使用。每座反应堆的发电量都为10亿瓦特，为乌克兰提供了约10%的电力。但苏联并没有就此罢手。到1986年，苏联又建造了两座反应堆，想把切尔诺贝利建造成世界上最大的核电站之一。

这座核电站还为当地居民提供了工作机会。许多人因在核电站工作而搬到该地区。事实上，建于1970年的普里皮亚特镇（Pripyat），就是为了安置近5万名工人和他们的家属而建的。该镇距离这个庞大的发电站不到3.2千米。核电站

▲ 自1986年事故发生后，普里皮亚特的这家酒店再也没有接待过客人

▲ 废弃的普里皮亚特镇部分区域的自然环境正在慢慢恢复

看上去虽然只是工业化产物，但它有利于该地区的经济发展，并且作为苏联的象征，向所有日渐衰微的西方国家展示科技领域的实力。

亚历山大·阿基莫夫（Aleksandr Akimov）就是在这座工厂工作的人之一，他是一名夜班主管。1986年4月26日，他负责对四号反应堆进行一次例行的安全测试。不到两周后，他因受20世纪最惨烈核事故产生的严重辐射而去世。

该核电站发电效率极高，但也引发了安全方面的担忧。4个核反应堆都采用了苏联RBMK（压力管式石墨慢化沸水反应炉）设计，可以同时产生钚和电能。这意味着它们不同于标准的商业设计，因为采用了石墨慢化剂和水冷却剂的独特组合。除了上述问题，反应堆在低功率状态下也不稳定，这主要是由于控制棒的设计缺陷而导致的。

有些人担心，切尔诺贝利核电站不具备世界上大多数核电站应具有的大型安全壳结构——考虑到苏联政府对信息保密的重视程度，对此知情的人少之又少。这意味着一旦发生事故，放射性物质将无法得到有效控制而扩散到环境中，对人和自然环境造成不可估量的损害。

这种保密不仅涉及其他国家掌握的信息，还包括他们个人的信息。亚历山大·阿基莫夫在切尔诺贝利的上司是副总工程师阿纳托利·迪亚特洛夫（Anatoly Dyatlov）。当苏联政府向其追责时，他辩解道，他不知道同一类型反应堆发生过事故。但事实却是类似事故已经发生了几起。

关于这次灾难，有些报道互相矛盾。有人透露，阿基莫夫和其他工程师不愿意进行那次测试，但在迪亚特洛夫的压力下不得不硬着头皮进行。但这位副总工程师后来反驳，当时核电站的环境很正常，没人担心那次测试会有什么纰漏。测试的目的是检查反应堆能否依靠自身涡轮机产

被爆炸掀起的屋顶一部分落在仍在运作的三号反应堆上。几处火苗窜了起来，在空中摇曳……

生的电力运行，并检测备用电源，以便在发生常规电力故障时保证反应堆正常运作。他们人为关闭了一些可能干扰测试的安全功能。当测试开始时，问题马上就出现了，于是工作人员迅速按下紧急关闭的按钮，但已无济于事。

在后来的一次采访中，迪亚特洛夫谈到这个操作时说："我觉得我的眼珠都要飞出来了。这无法解释。很明显，这不是正常事故。它比你我想象的要可怕的多。这是一场灾难。"

仅一分钟后，四号反应堆的顶部就被突然发生的爆炸掀上了天空，其中的放射性物质开始扩散。控制室里的十几个人，包括阿基莫夫和迪亚特洛夫直接暴露在令人震惊的辐射下，其中5个人很快死于辐射灼伤。反应堆受损最严重地区的辐射量约为每秒5.6伦琴[①]。而致命剂量则约为5小时内500伦琴。这意味着有些工人在不到一分钟内就被辐射了致命剂量。而对于在辐射区工作的人来说，更不幸的是，一个量程为每秒1000

---

① 照射量单位。1伦琴等于2.58×10^{-4}库伦/千克。

灾难倒计时

4月25日
由于核电站计划关闭四号反应堆，进行例行维护，工程师们决定利用这个机会，看看如果辅助电力供应出现故障，冷却泵系统是否仍然可以利用反应堆在低功率下产生的电力运行。

晚上23:00
控制棒通过吸收中子、减缓链式反应来调节裂变过程。为满足测试要求，工程师减少了控制棒的数量，将输出功率降低至正常功率的20%。但是，由于减少的数量太多了，产量下降过快，导致反应堆几乎完全关闭。

4月26日 凌晨0:30
工程师们担心这样会导致运行不稳定，便开始增加控制棒以提高输出功率，即使这样他们仍旧决定继续测试。

凌晨1:00
输出功率仍然只有7%，于是他们又加入了一些控制棒到反应堆中。工程师关闭了自动关闭系统，以保证反应堆在低功率下继续运行。

凌晨1:21
测试开始50秒后，功率突然暴涨到极危险的水平，工程师赶紧按下紧急关闭按钮。然而，当功率比正常值高出100多倍时，堆芯中的燃料颗粒爆炸，导致燃料通道爆裂。

凌晨1:24
两次爆炸掀飞了反应堆的顶部，其中的物质开始向外部喷发。爆炸后的反应堆吸入大量空气，并燃烧起来。由于反应堆外没有建造钢筋混凝土外壳，大量的放射性碎片弥漫到环境中。

鬼镇

普里皮亚特镇距离核电站只有3.2千米，切尔诺贝利灾难发生时人口还不足5万。这是一个尚在发展的城镇，有5所小学，5所中学，1家医院，还有一些体育和娱乐设施，其中包括一个奥运会赛事规模大小的游泳池。事故发生后，居民们被紧急疏散，但他们被告知三天后就可以再回来，于是大量财物在那天都被遗弃在了这座小城中。一些居民已经重返该地区，但任何人都禁止返回普里皮亚特镇，因为镇上的辐射水平极高，该镇仍然处于隔离状态。

这座城市是记录着20世纪80年代苏联生活的历史遗迹：墙上仍然挂着宣传标语，房屋和工厂诉说着那个与众不同的年代。在某些地区，自然环境正在慢慢恢复。2002年，这座城市作为一个有点恐怖的景点开放了，政府为避免游客因辐射死亡而引起纠纷，只准许签署了免责声明的游客进入参观。

▲ 普里皮亚特镇的一间废弃教室。由于所谓的"暂时"撤离，所有东西都被遗弃于此

伦琴的剂量计（测量个人或物体的辐射量）被埋在建筑物倒塌的废墟中；另一个则在打开后失灵。其他的剂量计的限值都为每秒0.001伦琴，只能读出"超出刻度"。因此，反应堆工作人员只能确定辐射水平在每秒0.001伦琴以上，却无法确定当时的实际情况：辐射水平早已危及生命。

鉴于辐射剂量计读数并不准确，阿基莫夫推测反应堆并未损坏。但是，在得出这个结论前，他忽略了散落在大楼周围的大量石墨和反应堆燃料碎片，以及另一个被认为"有问题"的剂量计的高读数。当然，阿基莫夫是否真的认为反应堆完好无损，或者他是否知道避免灾难升级的重要性，都只是猜测。事实上，他和工作人员在反应堆大楼一直待到早上。他派人试图将水注入反应堆。所有人都没穿戴任何防护装备。

辐射泄漏并不是唯一的危险。苏联人公然违反安全条例，在反应堆和涡轮机房屋顶使用了易燃材料沥青。四号反应堆爆炸飞起的部分屋顶落在仍在运行的三号反应堆上，几处火焰窜了出来。切尔诺贝利核电站消防队第一个赶到现场，试图扑灭大火；其主要目的是扑灭三号反应堆和四号反应堆周围的大火，并确保三号反应堆的冷却系统完好，以避免灾难升级。

▶ 切尔诺贝利中身着特殊防护服的物理学家在测量辐射量

其中一名消防员是列昂尼德·特利亚特尼科夫（Leonid Telyatnikov）中校。几年后，在接受《人物》杂志采访时，他回忆："那是一个晴朗的夜晚，星星布满天空。我不知道发生了什么，但当我赶到发电站的时候，我看到到处都是燃烧着的碎渣，如烟花一般。我注意到在四号反应堆的废墟上方有一道蓝色的幽光，周围建筑物也有几处起火点。那种气氛既静谧又怪异。"消防员设法控制住了爆炸，但由于所有人都没穿任何防辐射装备，伤亡在所难免，尤其是那些在屋顶上灭火的人。6名消防员因直接暴露于辐射中而死亡；还有更多人遭受了长期的伤害。人们再怎么称颂他们的功劳都不为过：如果三号反应堆爆炸，可能导致4个反应堆全部被毁。世界将面临更大的灾难。

由于英勇的工程师和消防员做出的牺牲，核电站或许成功避免了灾难升级，但核电站的辐射正以现代人类史上前所未有的规模向四面八方扩散。事故发生后，附近的普里皮亚特镇并没有立即疏散居民。镇上的人们并没有意识到周围正在发生的事。许多人都感觉自己生了病，抱怨自己嘴里有一股金属味。接着，便出现了止不住的咳

1986年整个欧洲大陆的辐射量

大部分放射性尘埃都在切尔诺贝利周围地区沉积下来，包括白俄罗斯、乌克兰和俄罗斯的部分领土。超过35万人背井离乡，但仍有大约550万人留居原地。事故发生后，北半球几乎每个国家都发现了放射性物质的踪迹。而且由于风向影响，一些地区受到的辐射影响比其他地区严重。这次灾难所释放出的辐射量，是"二战"中投放在长崎和广岛的原子弹辐射量的100倍。

正常剂量的倍数
- 0.01—1
- 1—5
- 5—10
- 10—20
- 20—40
- 40—100
- 100以上

切尔诺贝利

▲ 切尔诺贝利四号反应堆的限制拱棚

▲ 普里皮亚特小学疏散时留下的防毒面具

> 我觉得我的眼珠都要飞出来了。这无法解释。很明显,这不是正常事故。它比你我想象的要可怕的多。

嗽和呕吐。在事故发生后的36小时内,苏联政府才开始疏散切尔诺贝利周围的居民;同时告诉被迫背井离乡的人,这只是一次临时撤离,他们带不走的任何个人财产或有价值的资产都是安全的。一个月后,所有生活在核电站方圆30千米内的超过10万人都被重新安置。

尽管苏联没有对外宣布,但已针对核电站采取了措施。事故发生后的第二天,政府成立了专门委员会,关闭了一号反应堆和二号反应堆。苏联军官皮卡洛夫(Pikalov)将军开着一辆载有辐射测量仪的卡车,冲进紧闭的大门,去测量真实的辐射水平。他确信反应堆中的石墨正在燃烧,释放出大量的辐射和热量。紧接着,苏联政府得到警告,于是紧急疏散了普里皮亚特镇的居民。10天之后,反应堆芯的火势才被完全扑灭。

大火扑灭后,开始问责。超过25名共产党员因与灾难发生脱不了干系而被开除党籍;6名切尔诺贝利工人被指控在四号反应堆安全测试中违反了安全守则。迪亚特洛夫被指控在未告知工作人员辐射危险的情况下,派遣他们去检查正在燃烧的反应堆。所有这些人都被判有罪,刑期从2年到10年不等。

图片所属

页20–23	© Opening Illustration by Joe Cummings; Alamy; Corbis; Dreamstime; Getty; Look and Learn; NASA; Martin Dürrschnabel; Ian Petticrew; The Official CTBTO Photostream
页33	© Alamy; Getty; Science Photo Library
页57–58	© Alamy; Look and Learn,; Dean Franklin; Joe Cummings
页71–72	© Alamy; Sol 90
页85–87	© Alamy; Getty Images; Joe Cummings
页99	© Dreamstime; Mary Evans Picture Library
页108–109	© Joe Cummings; Alamy
页125	© Alamy; Getty
页161	© Corbis; Alamy
页177	© Alamy; Getty; The Art Agency
页189	© Alamy, Corbis, Getty
页195	© NASA; Peters & Zebransky (UK) Ltd.
页203	© Alamy; Corbis; Dreamstime